UN SISTEMA INDECENTE

"EL CIUDADANO DOMINADO"

Una guía para entender las claves del Sistema

Juan Ferrer

UN SISTEMA INDECENTE. EL CIUDADANO DOMINADO

Reservados todos los derechos. No se permite la reproducción total o parcial de esta obra, ni su incorporación a un sistema informático, ni su transmisión en cualquier forma o por cualquier medio (electrónico, mecánico, fotocopia, grabación u otros) sin autorización previa y por escrito de los titulares del copyright. La infracción de dichos derechos puede constituir un delito contra la propiedad intelectual.

Edición: Autoedición

© Juan Ferrer, 2022

*A Carlos, Lara,
Pau y Luca.*

ÍNDICE

INTRODUCCIÓN 9

CAPÍTULO UNO
EL SISTEMA CAPITALISTA 17
   ¿Cómo funciona el capitalismo? 21
   La desigualdad 25
   El consumismo 29
   Los mercados 32
   La clase media 35

CAPÍTULO DOS
LAS ÉLITES 41
   Los estados plataforma 44
   Los cárteles 47
   Lobbies y grupos de influencia 57
   La élite política 59

CAPÍTULO TRES
LA DEMOCRACIA 61
   El sistema electoral 65
   Los políticos 70
   Populismos y nacionalismos 73
   Perfeccionar la democracia 77

CAPÍTULO CUATRO
EL SISTEMA FINANCIERO 85
   La banca comercial 87
   La banca de inversión 90
   Perversión 93
   La crisis de 2008 94

Fondos de inversión y gestoras de fondos 96
Financieros, prestamistas y otros chiringuitos 98
Los paraísos fiscales 101
Londongrado 102
Las bolsas 105

CAPÍTULO CINCO
LA TECNOLOGIA 107
Pros y contras 112
Digitalización 117
Automatización 120
Sobre-información 124
Adictos 127
Privacidad 132
Gobernanza global 135

CAPÍTULO SEIS
EL SISTEMA EDUCATIVO 139
El talento 143
Heroes - anti-heroes 145
Clases de remo 148

CONCLUSIÓN
OTRO SISTEMA ES POSIBLE 153

INTRODUCCIÓN

*"La inmensa mayoría de la humanidad
lleva una vida de callada desesperación"*
(Henry D. Thoreau)

Hace unos días iba paseando por la ciudad y al pasar delante de una sucursal de un gran banco, vi el anuncio que ponían en la vitrina: "Hemos ayudado a más de un millón de familias, estamos al lado de las familias" ... unas horas después al llegar a casa, leo en el periódico, que ese banco iba a despedir a veinte mil trabajadores (!)... lógicamente, me quedé perplejo de la rapidez y lo contradictorio de las dos noticias.

Por la tarde, leyendo un periódico de noticias económicas descubro, que a mitad del siglo pasado el sueldo del consejero delegado de una gran empresa era 20 veces más alto que el de un empleado medio. Hoy, el sueldo de ese mismo CEO es 200 veces más elevado que el del mismo empleado.

Por la noche, viendo el telediario me entero que un famoso futbolista de un club español que ha sido fichado por un gran club francés, está alojado en un hotel de la capital parisina por la módica cantidad de 17.000 euros la noche hasta que encuentre casa.

Al día siguiente, leyendo las primeras noticias en internet me entero que más de seiscientas personas en España aparecen en una extensa lista, llamada "los papeles de Pandora", (confeccionada por cientos de periodistas de todo el mundo), como poseedores de varias cuentas en diversos paraísos fiscales y cuyos importes ascienden a varios cientos de millones de dólares.

Ante estos hechos, me hago la reflexión siguiente:

"¡Algo no funciona en el Sistema! ¡El Sistema está fallando! ¡El Sistema está mal diseñado!".

O, tal vez, ¿no será que el sistema ha sido diseñado por unos pocos para su propio beneficio?

Este libro no quiere ser sólo un libro de denuncia de estas malas prácticas, pero si tiene como objetivo el informar y dar a conocer los numerosos fallos y las tremendas injusticias del Sistema en el que se desenvuelve la sociedad actual. Pretende sacar a la luz y explicar en la medida de lo posible, por qué, en un mundo que cuenta con los mayores recursos de la historia de la humanidad, la riqueza y el bienestar están tan mal repartidos y al mismo tiempo generan unas tensiones y unas desigualdades tan lacerantes para una gran mayoría de la población.

Todas las sociedades se dotan de un Sistema para su correcto funcionamiento, con el fin de proporcionar a sus ciudadanos el mayor bienestar posible y la defensa de su libertad y su seguridad.

A través de la historia, se han sucedido múltiples tipos de sociedades, unas han escogido un Sistema determinado y otras han optado por otro Sistema diferente. En el mundo actual, y más concretamente en el mundo occidental, el Sistema escogido por la gran mayoría de los países es el Sistema Capitalista de la economía de mercado y la Democracia en la política.

Pero, ¿qué entendemos por Sistema? Un Sistema, es un conjunto de normas y procedimientos que regulan el funcionamiento de un grupo o colectividad; todos sus elementos están relacionados entre sí y funcionan como un todo o una estructura, aunque cada uno de los elementos del Sistema puede funcionar de manera independiente.

Para ver cómo se integra el Sistema en la sociedad tenemos que ver primero, en qué tipo de sociedad se aplica, y segundo, quienes son los que han diseñado el Sistema. En efecto, cualquier sistema puede ser idóneo por sí mismo, aunque para dotarlo de la categoría de idoneidad hay que ver antes, cual es la clase de sociedad en la que se va a aplicar. Huelga decir, que la historia está llena de sistemas mal aplicados o poco idóneos para las sociedades donde se han aplicado.

En este sentido, es conveniente dejar igualmente bien claro, para empezar, qué es una sociedad y cuántos tipos de sociedad existen. Dejando de un lado los distintos tipos de sociedad que han existido y los que todavía existen en la actualidad, nos centraremos en los dos tipos de sociedad que a nuestro juicio, son los más actuales y los que mejor definen la organización social y económica de la mayoría de los países hoy día. Estos son: la sociedad abierta y la sociedad cerrada; cuyo ideólogo, el filósofo Henri Bergson ya adelantó en el siglo XIX. Esta clasificación fue retomada y ampliada por el también filósofo Karl Popper en el siglo pasado, desde su cátedra de Londres.

La sociedad Abierta o liberal, se caracteriza por tener Gobiernos tolerantes que tienen en cuenta las preocupaciones de los ciudadanos y se dotan de sistemas políticos transparentes y flexibles. El Gobierno no es autoritario y comparte el conocimiento común y social con todos. La libertad y los derechos humanos son el fundamento de las sociedades abiertas. Como ejemplo, las Democracias.

La sociedad Cerrada o autoritaria, por el contrario, es una sociedad donde el individuo no es libre, donde está sometido a la presión del grupo, como ocurre en las sociedades colectivistas; la verdad es única y emana de las altas esferas del poder; el espíritu crítico no está permitido, la realidad es mágica y tribal y todo está empañado por un autoritarismo férreo que en general, es característico de las sociedades totalitarias. Las Dictaduras, y ciertas Monarquías son también un buen ejemplo.

Ahora que ya tenemos enmarcado el Sistema y en qué consiste, y cuando tenemos más claro el tipo de sociedad donde se puede aplicar ese sistema, podemos hacer algún apunte introductorio sobre la forma en que funciona el Sistema, y cómo se implanta y se desarrolla en nuestras sociedades hoy en día.

En los últimos tiempos una de las preguntas que me he hecho a menudo es… ¿qué es lo que hace a la gente infeliz en nuestras sociedades modernas y desarrolladas? Evidentemente, aunque la pregunta puede parecer un tanto pretenciosa, así, de pronto sin embargo, la insatisfacción, la desigualdad, y la desesperanza que causan tanto sufrimiento en la mayoría de los ciudadanos, como señalamos en la cita introductoria de Henri D. Thoreau, queda bien enmarcada esencialmente en el ámbito social, político y de convivencia, sin entrar en consideraciones de tipo psicológico o médico, que por otra parte, creo haber dejado claro que tales cuestiones no son el objeto de este libro.

Las grandes desigualdades que el actual sistema capitalista está dejando en amplias capas de la población mundial, tanto entre países como en el interior de un mismo país, está provocando la desafección de los jóvenes con la política, la desesperanza de las capas medias de la población y la frustración general de los ciudadanos al ver que el Sistema ya no les da lo que les prometía.

La sociedad occidental, donde nos encontramos, está enmarcada y funciona dentro de un sistema que es el sistema capitalista y de economía de mercado. En este marco y en este contexto, no es en absoluto baldío hablar y señalar las múltiples deficiencias y errores de las que adolece nuestro sistema; como han criticado desde su nacimiento, varios personajes a través de la historia y cuyos nombres más relevantes van desde, Charles Fourier, Karl Marx, Engels, Bakunín, Lenín e incluso la organización "Greenpeace".

Una de las críticas más repetitivas que se le ha hecho al Capitalismo, ha sido la de crear grandes desigualdades allí donde se implanta, aunque se olvida, a veces, de mencionar las grandes capas de población que consigue sacar de la pobreza y elevar su nivel de vida de forma notable. Evidentemente, como hemos dicho con anterioridad, existen otros sistemas más igualitarios y otros países donde se han implantado, donde efectivamente no se han producido esas grandes diferencias, sino que el nivel general de bienestar conseguido ha sido una mayor igualdad, es decir, una extensa igualdad en la pobreza; los ejemplos, son sobradamente conocidos y sus resultados también.

Cuando hablamos de un Sistema Indecente como el título de este libro, nos referimos al funcionamiento del sistema; pero éste no funciona de forma autónoma y sin ningún tipo de control; los sistemas son diseñados e implementados por personas, o más concretamente, por un grupo de personas que podemos llamar "la Élite". Ya lo exponía con claridad Platón en "La República", diciendo que el pueblo debía ser llevado y gobernado por una élite, en este caso, los más sabios y los más capaces. En realidad, lo que proponía era lo más cercano a un sistema totalitario pues aducía que la mayor parte del pueblo, no tenía ni la preparación ni los conocimientos necesarios para el gobierno de sus ciudadanos.

Curiosamente, más de veinte siglos después, podemos ver que tal vez no estaba totalmente equivocado ya que si observamos cómo funciona el sistema en la actualidad y quienes son los que lo dirigen llegamos fácilmente a la conclusión que, efectivamente, son las Élites políticas, económicas, tecnológicas y militares las que dirigen y hacen funcionar el Sistema.

El problema surge, cuando esas élites que han diseñado el sistema y que son las responsables de su funcionamiento no lo emplean en beneficio del pueblo y de la colectividad, sino en beneficio propio o de sus más próximos allegados, utilizando todos los medios y las estrategias legales o ilegales para conseguir sus propósitos. Es ahí, precisamente donde surge el gran problema y el gran cuello de botella que impide y que niega, que los beneficios que genera el propio sistema, lleguen y se repartan entre todos los componentes de la sociedad, lo que provoca una gran frustración y una tremenda injusticia en amplias capas de la población.

El sistema te engaña, oímos a veces, efectivamente, cuando el sistema te dice "estudia duro y así en el futuro podrás tener un buen puesto de trabajo y ocupar un sitio relevante en la sociedad"; cuando el sistema te dice "trabaja duro y el día de mañana podrás formar una familia y enviar a tus hijos a la universidad"; cuando el sistema te dice "pórtate bien y sé buen ciudadano, ve a votar, cumple tus compromisos etc... y tendrás el aprecio de tu comunidad y de las autoridades"... con frecuencia, el sistema te engaña. No nos engañemos, no le debemos nada al sistema; casi siempre nos devuelve menos de lo que nosotros le entregamos y a veces, cuando las cosas no funcionan, simplemente decide prescindir de nosotros, llevándonos al pozo del desempleo y la frustración.

En el día a día de la mayoría de la gente, es como si viviéramos debajo de una nube permanente que nos impidiera ver la realidad de lo que está ocurriendo diariamente a nuestro alrededor y en nuestras propias vidas; aunque a veces pienso, que se trata de la utilización colectiva de un mecanismo de defensa, bien conocido en psicología, que se llama "negación"; es decir, para que esta realidad que tengo que afrontar todos los días, que no me gusta y que rechazo, no me afecte y no me haga daño, entonces, la niego, no existe; pero desafortunadamente, la realidad está ahí, y se impone con toda su crudeza.

Otro de los mecanismos de defensa que utilizamos con frecuencia las personas, es la "idealización". La mayoría de la gente cree que es libre, muchos se dicen "yo soy libre, a mí nadie me controla", craso error; porque es el Sistema el que te hace creer que eres libre, pero en realidad, la Élite que ha diseñado y que controla el sistema es la que te hace creer que eres libre; pero nada más falso, ya que mediante el funcionamiento y la aplicación de las técnicas más sofisticadas insertadas en la inteligencia artificial, con sus algoritmos, con sus controles diarios en las visitas a las páginas de internet (las cookies), con el regalo de tus datos a múltiples plataformas, con tus desplazamientos por las redes sociales o con los miles de cámaras invisibles repartidas por todas las ciudades, la realidad es que no somos libres; sino que estamos constantemente vigilados y controlados y hasta yo diría que dominados por ese gran hermano llamado "la Élite".

Cuando hablamos anteriormente de sociedades abiertas y sociedades cerradas dijimos que las primeras se caracterizan por ser liberales, participativas, tolerantes y flexibles... sin embargo, observamos que poco a poco y mediante la acción sutil y global de la Élite, la población se va deslizando hacia un sistema cada vez más totalitario y controlador, que de seguir así, nos conducirá sin freno, hacia una sociedad cerrada o a una autocracia, tal como la describimos al inicio.

Al hablar de un Sistema Indecente nos referimos a una ideología, una estructura, unos comportamientos, y un funcionamiento de la sociedad que se ha vuelto poco empática, fría, injusta e insensible con los ciudadanos: Un sistema es indecente cuando:

- Arroja a millones de personas al desempleo.
- Convierte a sus ciudadanos en meros consumidores.
- Permite que una parte de su población pase hambre.
- Controla a sus ciudadanos las 24 horas del día.

- Confunde a sus ciudadanos con un sistema electoral trucado.
- Permite que parte de su riqueza termine en paraísos fiscales.
- Deja abandonada a su juventud con una formación costosa y la entrega al paro.
- Es perezoso y complaciente ante la destrucción y el envenenamiento del medio ambiente.

Son sólo algunos ejemplos y realidades que nos llevan a afirmar que el sistema promete, pero el Sistema "no cumple". De ahí, que las grandes aglomeraciones de jóvenes sin futuro y desencantados del sistema se produzcan cada vez con más frecuencia; que diversos colectivos de la sociedad, sindicatos, jubilados, médicos, sigan haciendo manifestaciones regularmente pidiendo y exigiendo un cambio en el Sistema, pues el sistema está fallando de forma flagrante.

La activista y escritora Naomi Klein lo refleja de esta forma tan explícita: "El sistema de privatización y desregulación masiva ha creado ejércitos de personas expulsadas, cuyos servicios ya no son requeridos, cuyos estilos de vida son despreciados por "atrasados", cuyas necesidades básicas ya no son satisfechas".

El Sistema se compone de varios subsistemas, que pasaremos a analizar con más detalle en los siguientes capítulos, entre los que destacan: el sistema capitalista, las élites, el sistema democrático, el sistema tecnológico, el sistema educativo, el sistema financiero, etc... y algún otro, que son los que conforman el armazón y la estructura del Sistema de nuestras sociedades modernas.

CAPÍTULO UNO

EL SISTEMA CAPITALISTA

*"El capital no es un mal en sí mismo,
el mal radica en su mal uso".
(Gandhi)*

¿Qué es el Capitalismo?... Es un sistema económico y social basado en la propiedad privada de los medios de producción, en la importancia del capital como generador de riqueza y en la asignación de los recursos a través del mecanismo del mercado. Es el sistema dominante en las sociedades modernas occidentales.

No es en absoluto nuestra intención hacer en este libro una historia del Capitalismo teniendo en cuenta la extensa bibliografía que ya existe sobre el mismo, pero sí hemos querido dar las principales pinceladas sobre los momentos más relevantes en la historia de este sistema económico y social, para poder comprender más tarde su funcionamiento y su influencia en las sociedades modernas.

¿Cuál es el origen del Capitalismo? El capitalismo se origina en el siglo XIII en sustitución del sistema vigente hasta entonces que era el Feudalismo. Los orígenes comienzan con las cruzadas y las grandes rutas comerciales que se establecen en esa época por el desarrollo imparable del comercio entre las primeras ciudades estado italianas como Génova y Venecia y posteriormente la ciudad de Florencia como centro financiero para impulsar el desarrollo de dicho comercio, mediante los primeros instrumentos de intercambio como la letra de cambio y los pagarés convirtiéndose así en la primera plaza bancaria en Europa.

El desarrollo del comercio entre los siglos XV y XVI entre Europa y Asia impulsa la creación de grandes compañías comerciales como la Compañía de las Indias Orientales primero en los Países Bajos y posteriormente con el mismo nombre en Inglaterra. Estas empresas son las grandes impulsoras del capitalismo comercial, pues su cometido era la importación de grandes cantidades de materias primas, especias y metales para satisfacer la gran demanda existente en el viejo continente, y particularmente, en los Países Bajos, donde se establecen las primeras plazas financieras y la primera Bolsa en la ciudad de Brujas, y posteriormente Amberes, precisamente para facilitar el creciente flujo de comercio entre estos dos continentes.

Con el gran crecimiento de los intercambios comerciales se crea en el norte de Europa la Liga Hanseática que era la asociación entre los grandes importadores de los Países Bajos y el norte de Alemania con los puertos de Rotterdam y de Hamburgo como centros neurálgicos de intercambio de bienes y mercancías, y es precisamente en Alemania, con la llegada de la Reforma protestante impulsada por Martín Lutero, donde se origina el nuevo capitalismo, cuyo mayor teórico es Max Weber quien al escribir el libro "La ética protestante y el espíritu del Capitalismo", sentó las bases del origen del capitalismo y del espíritu de la empresa moderna, con el desarrollo de la profesión, como trabajo, y el establecimiento del espíritu de ganancia y productividad en las actividades, como signo de bendición y salvación, según la ética protestante o más concretamente, según la ética Calvinista.

Pero realmente, el capitalismo moderno se inicia con los albores de la revolución industrial a finales del siglo XVIII y principios del siglo XIX y es cuando la noción de propiedad privada de los medios de producción, la figura del asalariado, el nacimiento de las primeras fábricas y el espíritu de innovación de las máquinas y de los procesos tiene lugar. Es el nacimiento del capitalismo industrial. Y es precisamente en esta época que surge la figura del "empresario" como un individuo con iniciativa propia y cuyo fin es el obtener ganancias (o pérdidas), mediante el desarrollo de nuevas actividades industriales o comerciales y que será la figura clave en la implantación y el crecimiento posterior del sistema capitalista.

Es con la creación de las fábricas y los grandes centros de producción para abastecer la gran demanda de bienes y servicios producida por el importante aumento de la población en esas regiones, que surge la figura del asalariado o como diría más tarde Karl Marx del "proletario" que vende su fuerza de trabajo a cambio de un capital para su subsistencia; y es aquí donde Marx ve una de las primeras causas de las posteriores revoluciones del proletariado, diciendo que en realidad los "beneficios" del empresario no son más que la apropiación indebida de una parte de la fuerza de trabajo del asalariado.

La constitución de economías capitalistas como las conocemos hoy, supuso en la época importantes cambios legislativos, instaurando la propiedad privada sobre el capital y un mercado del trabajo; estos cambios representan la toma del poder en el seno del Estado por la burguesía. A comienzos del siglo XIX y con la revolución industrial ya en marcha, es con la invención y la introducción de toda clase de maquinaria tanto en la agricultura como en la industria, que empieza a desarrollarse realmente el nuevo capitalismo, que ante el incremento exponencial de la población y de sus necesidades de todo tipo, produce uno de los mayores cambios demográficos y sociológicos en un sólo siglo, transformando una sociedad tradicional rural y agrícola, en una sociedad urbana e industrial; despoblando los campos y el ámbito rural, pasando a poblar de manera masiva las ciudades y los entornos urbanos con esas cohortes de obreros y empleados que Marx llamaría "el ejército de reserva", lo que contribuyó a crear el espíritu de la "lucha de clases" en el seno del proletariado.

El siglo XIX, es tal vez el mayor exponente del llamado capitalismo familiar donde un puñado de grandes familias como los Rothschild, Siemens, Schneider… fundan grandes grupos de empresas que verán su mayor expansión y crecimiento durante el siglo XX y que darán empleo a decenas de miles de trabajadores constituyendo y reforzando aún más si cabe, el espíritu del proletariado y de la lucha de clases. Es bien entrado el siglo XX, cuando esta alta clase empresarial empieza a ser sustituida por una nueva clase de dirigentes, llamados los "Gerentes", quienes van a dar un nuevo impulso y una nueva orientación a los grandes conglomerados industriales, transformándolos en empresas multinacionales que se expanden prácticamente por todo el mundo. Estos grandes grupos necesitados de grandes sumas de financiación para su expansión, favorecerán paralelamente el nacimiento de otro capitalismo; es el capitalismo financiero, con la creación de grandes grupos bancarios mundiales, junto con el establecimiento de los mercados de capitales como las Bolsas y los grandes Fondos de inversión.

Sin lugar a dudas, podemos decir que el siglo XX ha sido el período más fructífero y de mayor importancia para el desarrollo y la definitiva implantación del capitalismo moderno en nuestras sociedades.

El siglo XXI constituye una nueva etapa en el avance del capitalismo, pues debido a los cambios tan acelerados que produce la tecnología y los múltiples avances científicos, se está generando y desarrollando un nuevo capitalismo, que llamaremos Capitalismo Tecnológico, por la relevancia que tienen y que han adquirido las grandes corporaciones de internet y de la nueva economía digital.

Así pues, podemos resumir la historia y evolución del Capitalismo en cinco grandes etapas: pasando al inicio de un capitalismo agrícola a un capitalismo comercial, y de este al capitalismo industrial, posteriormente al capitalismo financiero, para finalmente, y a la hora actual, estar conviviendo con el nuevo capitalismo tecnológico.

¿CÓMO FUNCIONA EL CAPITALISMO?

Los principios básicos sobre los que se asienta la teoría económica son: el principio de equilibrio, la ley de la oferta y la demanda para la formación de los precios, la competencia y el principio de escasez. El Capitalismo moderno se asienta sobre estas bases, pero en su evolución desde sus inicios en el siglo XVIII, podemos observar cómo se ha ido modificando y adaptando a las distintas épocas según sus intereses y su conveniencia. En efecto, si en un principio el Capital era más representativo de la acumulación de tierras e inmuebles, fue con la revolución industrial del siglo XIX, cuando nace la verdadera esencia del capitalismo moderno, al representar, sobre todo, la acumulación de máquinas y procesos, convirtiéndose estos últimos, en los verdaderos bienes de capital.

El crecimiento y desarrollo del capitalismo se basa principalmente en el ahorro acumulado proveniente de los excedentes agrícolas e industriales en el proceso de producción; este ahorro, no lo utiliza el capitalismo siempre, para comprar más tierras o más inmuebles, sino que lo invierte en la compra y desarrollo de más maquinaria y más utensilios, que a su vez son capaces de crear nuevas máquinas y nuevos procesos, que se van reinvirtiendo regularmente, convirtiendo así el sistema capitalista en un "proceso de acumulación casi sin límites", tal como diría Karl Marx en su obra, "El Capital".

Uno de los principales problemas que surge de esta acumulación de capital, es el de su distribución o el del reparto más equitativo dentro de la población; lo que nos lleva a afirmar, en primer lugar, que el capitalismo no es, sin duda, un sistema social de reparto, ni tampoco, por supuesto, se trata de un sistema equilibrado, y menos aún, un sistema auto-regulado, (con lo que podríamos tener un cierto control), sino que se trata de un sistema esencialmente inestable y bastante desequilibrado en numerosas ocasiones, ya que su dinámica se desarrolla principalmente en ciclos de expansión-depresión, como son las sucesivas crisis, que si observamos a través de la historia, se han estado y se siguen repitiendo de forma recurrente, ya que obedecen a la dinámica interna del propio sistema.

Esta dinámica o esencia del sistema, consiste en que el capitalismo y la economía en general no son una ciencia exacta, como la física o las matemáticas, sino que se trata sobre todo de una ciencia social basada en el comportamiento y las emociones de los hombres, con lo cual está expuesto a los vaivenes de las ambiciones y de las pasiones de los agentes económicos, hasta el punto que casi podemos considerar, la economía y por supuesto el capitalismo, como un sistema emocional o del comportamiento de los seres humanos, con lo cual, es un sistema básicamente imprevisible.

Esta imprevisibilidad se puede observar muy bien a través de las distintas crisis económicas registradas desde hace siglos; y ello obedece a que objetivamente, el comportamiento y las expectativas de los agentes económicos, son intrínsecamente imprevisibles y sujetos a múltiples variables y circunstancias, muy difíciles de prever a través del tiempo, siendo así, que en la mayoría de los países capitalistas se necesita y de hecho se ha implantado algún tipo de regulación por parte de los Gobiernos, con el fin de tener de alguna forma controlado el sistema, que de otro modo podría desbocarse regularmente con las consecuencias negativas que esto tendría para la población.

La influencia que tiene el comportamiento humano sobre la economía y el capitalismo en particular, está muy bien desarrollada por el financiero y filósofo Georges Soros, y su concepto de "reflexividad" en su libro "La crisis del capitalismo global", donde explica y abunda en la importancia de este concepto en el funcionamiento del capitalismo; donde demuestra hasta qué punto, el supuesto equilibrio de las leyes de la economía, se ven alterados constantemente, por ese reflejo que supone el comportamiento humano y sus expectativas sobre el normal funcionamiento de la economía. Adicionalmente, existe otro elemento distorsionador, y es que el capitalismo occidental está basado sobre todo en el progreso individual y en el éxito de las personas, con lo que esto supone para el triunfo de las pasiones y las ambiciones individuales, frente al capitalismo oriental que tendría más en cuenta el éxito y el progreso colectivos (!).

En conclusión, podemos afirmar que el sistema mediante el que funcionan las sociedades occidentales principalmente, es decir, el capitalismo, es un sistema, que a pesar de que no negamos su éxito imparable, para sacar de la pobreza a millones de personas en sus etapas iniciales, (no hay más que ver las tasas de crecimiento en los primeros años de los países en vías de desarrollo, 6-8%); no deja de ser un sistema viciado, inestable y desequilibrado desde su inicio, y que muestra con mayor crudeza su iniquidad, en las etapas desarrolladas y avanzadas de su evolución, tal como lo estamos observando en nuestras sociedades hoy en día, cuando grandes capas de la población de las clases medias y bajas, ven cómo su situación y su estatus, se degrada inexorablemente, hacia territorios y estados de menor calidad de vida y de mayor pobreza, que en las décadas anteriores.

Pero la mayor inestabilidad del sistema capitalista no proviene de los mercados de bienes y servicios, que a la postre surgen y sirven a los ciudadanos en sus labores normales de compra y venta de estos bienes; la mayor perversión del sistema capitalista global, viene de los mercados de capitales justamente; es en los grandes centros de financiación internacional, como "Wall Street" en Nueva York o la City de

Londres, desde donde se surten los inmensos capitales que navegan por el mundo, y que cual ávidas aves de presa, se lanzan al ataque sobre la más mínima ocasión de ganancia o sobre el más mínimo signo de debilidad de los mercados, para así, seguir engordando sus ya abultados vientres, a la espera de la siguiente ocasión para volver a la carga.

Creo que no es necesario poner ejemplos explícitos de estos comportamientos del capital internacional, pues todos tenemos en mente los graves y destructivos acontecimientos registrados en la última crisis del 2008 y las devastadoras consecuencias que estas conductas tienen en la economía y en la población, a nivel mundial.

A los fundamentalistas del mercado, a aquellos que creen a ciegas en la autosuficiencia y en la auto-regulación de los mercados, hay que decirles, que a pesar de que existen leyes en la economía que funcionan de forma casi autónoma, los mercados, por si solos, no son capaces de reflejar el verdadero estado de la economía, ni de los precios, ni de la oferta y la demanda, ni de las reales expectativas de los consumidores, ya que normalmente están viciados, y tienen un sesgo importante que lo determinan los grandes grupos empresariales, los cárteles, los fondos de inversión y los grandes bancos; siendo este selecto grupo de agentes económicos los que realmente hacen funcionar el sistema y lo condicionan de tal manera, que la mayor parte del tiempo, las personas tenemos una idea sesgada y distorsionada de la vida real; sólo en raras ocasiones, los ciudadanos tenemos una visión acorde y justa de las circunstancias económicas y sociales en las que nos desenvolvemos en el día a día. Esto constituye la nueva Élite económica y financiera como veremos en el siguiente capítulo.

LA DESIGUALDAD

Uno de los reproches más reiterados que se le han hecho al sistema capitalista desde todas las esferas, es que es un sistema que crea grandes desigualdades entre las personas. A pesar de que esta afirmación está suficientemente contrastada por la experiencia y las condiciones de vida y progreso que observamos en la mayoría de los países, conviene matizarla, siquiera desde un punto de vista teórico, para tener una visión lo más cercana posible a la realidad.

Desde un punto de vista estadístico, las cifras nos muestran que desde que se tienen registros fiables, básicamente desde principios del siglo XX, cuando el economista Simon Kuznets empezó a interesarse por el tema, concretamente desde la publicación de su libro en 1953 sobre las series estadísticas en varios períodos del siglo XX; el autor nos muestra, que a pesar de que en el siglo anterior XIX, tanto Marx como otros autores, señalaran al capitalismo como el gran diablo y la causa de la desgracia y las desigualdades de la mayoría de la población. Kuznets demuestra en su estudio y más adelante con la famosa curva de Kuznets, que, en realidad, las grandes diferencias de ingresos y de capital entre las clases altas y las clases obreras, se producen sobre todo en las etapas iniciales del crecimiento y de la implantación del sistema capitalista. Pero, que a medida que el crecimiento y el desarrollo se va acelerando en los países, estas diferencias tienden a estrecharse y ser menos distantes, debido a una mayor participación de los empleados en el conocimiento y las nuevas técnicas de producción, que hacen que la productividad aumente de forma importante y sirva como elemento igualador entre los ricos y los pobres.

Si bajamos al terreno de la realidad económica del día a día, hemos de decir que esta visión un tanto idílica de la realidad, no deja de tener su parte de verdad, (no hay más que ver el nivel de vida alcanzado por las sociedades modernas desde principios del siglo XX y las condiciones de vida actuales en nuestra sociedad). Sin embargo, a pesar de la innegable condición de elemento dinamizador de la actividad y de la producción del sistema capitalista, no es menos cierto, que sin estar en las mismas condiciones de precariedad que la de millones de personas en los inicios del siglo XX, hecho este, que llevó a las grandes revoluciones de los movimientos obreros y de los sindicatos y por extensión a las primeras revoluciones bolchevique y de las grandes masas sociales; hemos de decir que hoy día, la situación, salvando las distancias, tiene cierto paralelismo…

Hoy, la situación económica y social de amplias capas de la población y en especial de las clases medias, se ha visto seriamente degradada en los últimos decenios, debido, a nuestro juicio, a esa dinámica de "divergencia" que crea el sistema capitalista, que lleva progresivamente a una concentración cada vez más amplia entre una clase dirigente y bien informada que detenta el conocimiento y la tecnología, es decir, el Capital, y una clase de empleados y obreros que únicamente cuenta con su fuerza de trabajo y sus habilidades.

El tema de la desigualdad no es un asunto menor, ya que si los Gobiernos y las grandes instituciones internacionales no cuidan y se esmeran en poner el foco como la principal prioridad de las políticas económicas en sus respectivos países, se corre el riesgo, que la gran brecha que se está abriendo cada día más, en la mayoría de los países, pueda llegar a provocar una cierta revolución, ciertamente, no al estilo de las del siglo XIX, pero probablemente sería tan desestabilizadora, que podría llegar a hacer tambalear las bases y los fundamentos del sistema capitalista.

Ya en 2021, cinco millones de norteamericanos no han vuelto a sus puestos de trabajo, según la última estadística del servicio de empleo en Estados Unidos, (es lo que se ha venido en llamar "The Great Resignation" o el Gran Abandono). ¿Es esto solamente consecuencia de la pandemia del Covid-19? o que de pronto, ¿cinco millones de estadounidenses han llegado a la edad de la jubilación?… pensamos que no. Diversos informes de las organizaciones empresariales y de los propios sindicatos señalan como principal causa, el desencanto y la frustración que sienten una buena parte de la clase trabajadora americana, que durante el tiempo de la pandemia, han podido detenerse y reflexionar sobre sus vidas y sus trabajos, y han llegado a la conclusión, que su proyecto vital ha sido destruido y manipulado por el sistema; que no les ha dado lo que les prometía, sino que al contrario, les ha sumido en un estado de letargo y de desesperación de difícil salida y se han dado cuenta que su vida ha dejado de tener sentido en esas circunstancias, por lo que han tomado la decisión de decirle al sistema, "basta".

Este fenómeno, aunque en menor escala se ha podido observar igualmente en varios países de Europa y de Asia, confirmando una tendencia que en el caso americano es más visible y más notoria, pero que, de alguna manera, refleja una tendencia global, especialmente en los países desarrollados, que denota un cierto cansancio y un no menor hartazgo de la clase trabajadora, con las condiciones sociales y de trabajo en las que se desenvuelven sus vidas.

Según la organización no gubernamental OXFAM, sólo 26 personas detentan la misma riqueza que 3.800 millones de personas en el mundo. Si tomamos otras fuentes como el informe del Wealth Report de Credit Suisse en 2018, la formula se reparte así, 50/1 - 1/50, lo que quiere decir, que el 1% de la población posee la misma riqueza que la mitad de la población, o que la mitad de la población mundial sólo posee el 1% de la riqueza. Pero al margen de las diferencias que puedan arrojar estas cifras según la fuente que informe, lo que sí parece obvio y patente es que la concentración de la riqueza en el mundo, hoy, es desde todo punto de vista, ¡Indecente e Inaceptable!

El índice Gini es un número entre 0 y 1 que se emplea para medir la igualdad o la desigualdad que existe en un país, siendo el 0 la perfecta igualdad y el 1 la más alta desigualdad. Ya en la antigua Roma se ha calculado que dicho índice era del 0,51, es decir, una desigualdad media-alta; hoy en día, países como México, arrojan un índice de 0,79, lo que representa una desigualdad todavía muy alta.

En el Foro Económico de Davos celebrado en 2019, ya se llegó a la conclusión, de que la civilización tiende a moverse hacia la desigualdad a medida que algunas personas obtienen los medios, para hacer que otras sean relativamente pobres, y los emplean. Entre los muchos efectos que produce la desigualdad en una sociedad están: el malestar social, la disminución de la salud, el aumento de la violencia y la disminución de la solidaridad.

El fenómeno de la desigualdad se produce básicamente por cuatro razones: la gran concentración de capital y conocimiento en algunas clases privilegiadas, la deficiente recaudación de impuestos por parte de los gobiernos, que favorecen igualmente a ciertos grupos empresariales de poder, la evasión de capitales que buscan países de baja fiscalidad, y las actividades ilegales que escapan al control policial. Algo tendrán que hacer los distintos Gobiernos, pronto, para revertir esta situación. Estas, podríamos decir que son las causas principales intrínsecas al sistema capitalista.

Pero existen otras tres causas paralelas y externas al sistema, igual de importantes, como son: por un lado, la Globalización, que sin negar su lado positivo y dinamizador de la economía, también tiene su lado oscuro y destructivo, cuando deslocaliza millones de puestos de trabajo hacia países con costes más bajos. La Tecnología, es igualmente responsable del aumento de las desigualdades al destruir miles de empleos, con la automatización y la inteligencia artificial introducidas en todas las empresas. Finalmente, la Inmigración en los países desarrollados, que, aunque también tiene su lado positivo; crea unas distorsiones y pérdida de empleos locales, tirando a la baja los salarios y creando una competencia desleal entre las empresas que no contratan este tipo de trabajadores.

EL CONSUMISMO

En el ADN del capitalismo están escritos dos genes, a saber: el crecimiento sin límites y el consumo continúo en el tiempo; ésta es su naturaleza y la razón profunda de su existencia. Evidentemente, si esto es así, podemos preguntarnos, ¿es esto lógico? O aún, ¿es esto sensato? Y finalmente, ¿es esto posible?

Si aceptamos que los recursos de este mundo son limitados y que debemos preservar el clima en buenas condiciones ambientales a pesar del crecimiento exponencial de la población, veremos seguidamente que nos enfrentamos a un serio dilema o por decirlo de otra forma, nos enfrentamos casi a una paradoja de difícil solución; es decir, por un lado tenemos que producir y consumir cada vez más para satisfacer las necesidades de una población creciente, y por otro lado, hemos de poner límites a esa producción y a ese consumo exagerado, ya que debemos preservar los recursos y la calidad medio ambiental para las generaciones venideras.

La pregunta lógica ante tal dilema es pues ¿cómo se hace esto? Hace más de medio siglo, concretamente entre los años 60 y 70 del siglo pasado surgieron los primeros movimientos naturalistas y ecologistas entre los que destacan la revolución "hippy" de los años 70 en California, con su famoso lema "haz el amor y no la guerra" o la proliferación de las primeras "comunas" de convivencia comunitaria, los cuales nacieron como una respuesta al capitalismo salvaje de aquellos años, así como el rechazo al orden establecido y al complejo militar-industrial, cuyo mayor exponente fue la guerra de Vietnam.

Estos movimientos se expandieron rápidamente por todo el mundo, creando una nueva filosofía de vida más natural, más austera, y más pacífica. Uno de sus mayores inspiradores fue el filósofo alemán, Herbert Marcuse, quien también inspiró el mayo 68 de París.

Fue precisamente en esos años que Herbert Marcuse publicó dos de sus obras más representativas; "Eros y civilización" (1955) y "El hombre unidimensional" (1964). Que sirvieron de inspiración a muchos jóvenes y a los movimientos estudiantiles de esa época. Ya por entonces, surgió una filosofía de vida y unos comportamientos sociales totalmente opuestos al orden establecido, queriendo decir de ese modo, que "así no íbamos bien"; que ese modelo de vida y de consumo masivo, no era lo que las nuevas generaciones querían para sí y para sus hijos.

Casi 60 o 70 años después podemos preguntarnos ¿qué ha quedado de todo aquello? Creo que sin lugar a dudas, marcaron un antes y un después en el devenir y en la evolución del sistema capitalista del siglo pasado y fueron la semilla de los nuevos movimientos ecologistas y de los nuevos partidos políticos como los "Verdes" en Alemania y en otros países, que están adquiriendo cada vez más relevancia y que están sirviendo al mismo tiempo de contrapeso y de contrapoder a los otros partidos y a las otras organizaciones más conservadores, que en muchos casos están apoyados e incluso subvencionados por las élites dirigentes, principalmente, los grandes grupos económicos e industriales.

En estas circunstancias y lanzando una mirada alrededor de la economía mundial hoy en día, podemos preguntarnos ¿dónde o cómo se encuentra el ciudadano dentro de este panorama de producción-consumo hoy? Según Zigmunt Bauman, uno de los sociólogos más prestigiosos del siglo pasado y de este siglo, afirma que el ciudadano actual, sólo cuenta para el sistema en tanto que ciudadano-consumidor, y va más allá cuando dice que "la infancia es una preparación para la venta de la propia persona, ya que a los niños se les educa para ver todas las relaciones en términos de mercado". (Vida Liquida, 2005).

Si el sistema capitalista necesita producir y consumir sin límite para poder subsistir como sistema, podemos preguntarnos si nosotros, los seres humanos, también necesitamos producir y consumir sin límite, ya que nuestra propia existencia se vería amenazada... ¿es esto cierto? Hemos de concluir que esta cuestión no representa una pregunta real, sino que se trata más bien de un sofisma hábilmente diseñado por el sistema y sus impulsores, ya que como todos sabemos, las necesidades de los seres humanos son limitadas; lo que ocurre es que si esto no fuera así, el sistema dejaría pronto de existir pues "un deseo satisfecho, significaría para el mercado, el presagio de una catástrofe inminente" como afirma el propio Bauman.

Es el mercado precisamente, o los mercados de consumo quienes necesitan seguir produciendo e incitando al consumo permanente, manteniendo la ansiedad en los consumidores de sus necesidades reales o imaginarias no satisfechas, ya que, en el caso de verlas satisfechas, significaría el fin de los mercados, de la industria, y de la sociedad.

Por eso el sistema capitalista ya se encarga de mantener la ansiedad permanente en los consumidores mediante su potente industria de la publicidad y de marketing, repitiendo una y otra vez el eslogan de que a "Vd. le falta algo, Vd. no es feliz si no ha comprado tal o tal producto".

Esta situación de expectativas permanentes y de deseos no satisfechos alentados por el sistema capitalista, ha creado en los ciudadanos-consumidores un estado de neurosis colectiva que se retroalimenta cuando vemos a miles de personas lanzarse cual turba enfervorecida en las épocas de rebajas, o en los famosos días programados por el sistema, como son los "black friday" o los 5 días de oro de los grandes almacenes; el objetivo a la postre, es conseguir mantener en el ciudadano un estado de permanente insatisfacción; y lo cierto, es que el sistema lo consigue la mayoría de las veces.

Admitiendo que el sistema tiene que seguir funcionando, pues no deja de tener una importante función social como es la satisfacción de las necesidades de los ciudadanos, creemos y estamos convencidos que hay otras formas y otros sistemas que pueden realizar las mismas funciones sin llegar a producir tantos efectos negativos en la sociedad. Las energías verdes, la economía del reciclaje, y la economía sostenible y digital ofrecen infinitas posibilidades y millones de puestos de trabajo para que el sistema siga funcionando con menos gasto y menos contaminación.

Dentro de la revolución que se está produciendo tanto en la economía como en otros ámbitos de la vida social, pensamos que la introducción de la llamada Economía Circular y la Economía Sostenible junto con la transformación Digital de la mayoría de las empresas y de los negocios debe suponer un cambio de paradigma en el interior del sistema, que haga que el viejo dogma de "producir, consumir y tirar" sea substituido progresivamente por los nuevos principios de la economía circular de las 3 R, "reparar, reciclar, reutilizar" de manera que las técnicas manipuladoras como la famosa "obsolescencia programada" y otras prácticas similares que acortan deliberadamente la vida útil de los productos y llenan los espacios, las calles y los mares de desechos, queden pronto descartadas y olvidadas, de forma que el mundo vuelva a ser un lugar más limpio y habitable de lo que es ahora para nosotros y para nuestros hijos.

LOS MERCADOS

Llamamos Mercado al lugar donde se efectúan las acciones de compra y venta ordinarias de bienes y servicios mediante un precio acordado entre compradores y vendedores. Existen cuatro clases de mercados: los mercados de bienes y servicios; los mercados de acciones y valores (las bolsas); los mercados de divisas, (Forex) donde se compran y venden las divisas de los distintos países; y los mercados de "futuros" donde se negocian los contratos de futuros de diversos bienes y servicios, desde el trigo hasta el petróleo y otros derivados.

La importancia de los mercados viene determinada por el hecho de que son los encargados de reflejar de la forma más imparcial y neutra los precios reales de los distintos productos y servicios; es decir, son los termómetros que miden la temperatura del estado de la economía en un momento determinado. Son el espejo donde miran los distintos agentes económicos para saber si los precios a los que están vendiendo o comprando son correctos o no. En este sentido, son como el indicador de temperatura de un coche para saber si todo está correcto o si hay recalentamiento (subida de precios) o por el contrario hay enfriamiento (bajada de precios), o si el precio que reflejan indica una temperatura agradable y estable.

Esta breve introducción nos va a servir para analizar y explicar por qué la mayoría de las veces, lo que acabamos de describir no es así y como se suele decir, cualquier parecido con la realidad es pura coincidencia; y esto es así, porque como dijimos en la introducción, la economía no es una ciencia exacta, sino más bien una ciencia del comportamiento humano, especialmente cuando se actúa de forma colectiva.

Todos sabemos de la importancia de los precios en la economía ya que la experimentamos a diario desde ir a comprar el pan, tomar un café o comprar en el supermercado; y, además, queremos sentirnos seguros y confiados de que en esas pequeñas transacciones diarias que realizamos hemos pagado un precio justo y no nos han engañado. Pero el problema surge, cuando por diversas razones y circunstancias, los precios no reflejan el estado real de la economía y de una oferta y demanda en competencia perfecta. Esto ocurre cuando se produce precisamente un desequilibrio entre la oferta y la demanda que regularmente observamos cuando vamos a comprar. Y esta situación que se da tan a menudo, puede ser debida a una tormenta que ha arrasado los cultivos de naranjas, a un problema con el suministro en la cadena del transporte, a un problema de escasez puntual por dificultades en la producción; pero en bastantes casos y períodos, es debido a la manipulación y la especulación de los grandes grupos industriales, con el único fin de aumentar sus ganancias.

Lo que estamos afirmando no es una elucubración o ensoñación del autor; todos los ciudadanos-consumidores hemos experimentado esta circunstancia en repetidas ocasiones a lo largo del año y hemos de decir, que los mercados ya no son aquel lugar idílico donde se reunían los productores y los compradores (las antiguas lonjas) para llegar a acuerdos justos. Hoy día, y es grave decirlo, la mayoría de las transacciones entre los agentes sociales están viciadas desde el principio y portan un sesgo de especulación que distorsiona el verdadero estado de los precios, produciendo así un grave perjuicio a los consumidores.

No es gratuito informar que los grandes grupos energéticos (luz y petróleo), que los grandes grupos de alimentación (bebidas y comida), que los grandes grupos de la automoción, que los grandes grupos bancarios, etc... se reúnen periódicamente para acordar los precios que deben llevar a los mercados, manipulando de este modo y engañando deliberadamente a los consumidores, con el doble fin de aumentar sus ganancias y aumentar sus cuotas de mercado mediante prácticas de oligopolio que falsean los precios de forma constante e impiden ver la realidad y el verdadero estado de la economía, produciendo en el ciudadano-consumidor, un estado de asombro y estupor del que tiene que reponerse periódicamente, ya que estas prácticas son igualmente periódicas.

Los Gobiernos están para proteger a los ciudadanos de los abusos y de los ataques que cualquier Agente que opere en esa sociedad tenga la tentación de hacer un mal uso de las reglas del juego y no respetar las ordenanzas vigentes, imponiendo las sanciones pertinentes de acuerdo a su gravedad, de forma que desincentiven a estos grupos de poder a seguir aplicando sus reglas trucadas. Sería interesante por otra parte ver, si los ciudadanos se agrupasen y realizaran acciones colectivas de bloqueo y de protesta contra estas grandes empresas, cosa que ya hemos visto en alguna ocasión, si estos grandes conglomerados continuarían con sus prácticas abusivas.

LA CLASE MEDIA

En un rápido repaso a la situación y al estado en el que se encuentra la "clase media" en la mayoría de los países desarrollados hoy en día, podemos constatar dos cosas: primero, gran parte de la llamada clase media ha visto rebajar su nivel de vida hasta cuotas casi olvidadas décadas atrás, debido al descenso de su nivel de ingresos principalmente, pero igualmente, a los despidos masivos en muchos sectores de la industria y los servicios como consecuencia de la revolución tecnológica actual que muchos empresarios han aprovechado, para racionalizar sus plantillas de trabajadores y aumentar de este modo la productividad de sus empresas. En segundo lugar, esta situación ha provocado una desilusión y una creciente frustración de la mencionada clase media frente al sistema económico y social vigente al sentirse de algún modo "engañados", pues el sistema ya no les da lo que les prometía.

Sería conveniente, por otra parte, aclarar, qué entendemos en general por clase media particularmente en los países occidentales; en gran parte de Asia y África existen otros baremos; ya que según donde nos situemos o dependiendo del país del que se trate, ésta, puede variar de forma substancial. Sin embargo, para entendernos y para que el termino no provoque confusión y así poder utilizarlo de manera general, de forma que todo el mundo sepa a qué nos referimos cuando hablamos de la clase media, podemos decir que la clase media es aquella parte de la población que tienen unos ingresos que se sitúan en la mediana de la renta nacional por persona. En países como USA se situaría entre los 40.000 y los 60.000 dólares al año; en España, estaría entre los 20.000 y los 30.000 euros; y en Alemania, entre los 40.000 y los 70.000 euros.

Hemos de señalar, sin embargo, que aunque el nivel de ingresos es el elemento principal para definir a la clase media, existen otra serie de factores y condiciones que afectan igualmente al nivel de vida y a las condiciones socio-económicas y de bienestar de esta parte de la población, como son: la vivienda, la educación de los hijos, los seguros médicos, los ahorros, las vacaciones… etc; de los que hay que decir que en la mayoría de los casos se ven afectadas las familias por estas nuevas condiciones, haciendo que entren en una dinámica de precariedad en el uso de estos servicios, y viendo reducidos sus niveles de bienestar, que con tanto esfuerzo habían conseguido en los últimos tiempos.

Desde los años 60 del siglo pasado el aumento y la expansión de la clase media ha sido imparable y esto se debe principalmente a varios factores como el aumento del nivel educativo de la población, la introducción de la tecnología en todos los sectores, la modernización económica e institucional, la incorporación de la mujer al mundo laboral, el aumento de la renta salarial etc… de forma que una buena parte de la población pasó de ocupar la parte más baja de las rentas a la parte media de los ingresos nacionales, conformando así un nuevo grupo de ciudadanos que hemos venido llamando la nueva clase media.

Desafortunadamente, desde finales de los años 80 del siglo pasado, las cosas han cambiado, iniciándose un proceso de degradación y de pérdida de poder de la misma, a causa de varios factores que analizamos más adelante.

Todo cambia y se agrava, a partir de la última gran crisis de 2008 cuando un grupo de bancos sin muchos escrúpulos, provocan con su quiebra la mayor recesión de la historia económica moderna llevando al paro a millones de trabajadores y empleados de todos los sectores y haciendo que cientos de miles de personas que hasta entonces pertenecían a la clase media, bajaran unos cuantos escalones y pasaran a engrosar las listas de la clase media-baja o directamente la clase baja.

Han pasado catorce años, y cuando después de recorrer el desierto del desempleo, de la precarización de sus trabajos y de sus negocios y de sus condiciones de vida, muchas personas empezaban a remontar esa situación desfavorable; aparece una nueva amenaza en forma de pandemia (Covid-19), que provoca de nuevo, una de las mayores recesiones en el mundo moderno, reduciendo y rebajando la actividad general en todos los países y generando miles de quiebras y cierres de empresas y negocios en todas partes, cambiando una vez más, las condiciones y el estatus de millones de trabajadores, que vuelven a recaer en el pozo de la precariedad de donde estaban empezando a salir.

Como si de una película de terror se tratara, y no exageramos, millones de personas en todo el mundo han visto descender sus niveles de ingresos y de condiciones de vida y luchan hoy día, por volver a la parrilla de salida donde se encontraban veinte o treinta años atrás, con el fin de no perder el tren del progreso y quedar relegados en la orilla de la desesperación indefinidamente. Basta con recordar cuanto representaba la clase media en muchos países desarrollados hace tan sólo unos años, y cuanto representa hoy día. En Estados Unidos, la clase media ha pasado de representar el 70% de la población al 40% actual, según diversas fuentes estadísticas, entre las que se encuentra un informe del Bureau of Economic Analysis U.S. que confirma que en USA, además, existen 43 millones de personas por debajo del umbral de pobreza.

La desvinculación de los salarios y los aumentos de la productividad desde los años 80 del siglo pasado, ha provocado una divergencia cada vez mayor entre los hogares "desprotegidos" de las clases bajas y medias y la de los hogares "protegidos" de las clases ricas y altas. Esto se ha debido principalmente, al empleo de políticas neo-liberales como los recortes del gasto social y las rebajas fiscales a los ricos. El 1% de los ricos posee el 43% de la riqueza del país en Estados Unidos y este patrón se repite con porcentajes similares en otros países como España, Italia, Francia... con lo que la concentración de la riqueza cada vez en menos manos y el aumento de la pobreza en la mayoría de la población, no hace más que aumentar. Inaceptable.

El peligro de estas políticas neo-liberales que se aplican generalmente en la mayoría de los países desarrollados, es que éstas provocan una polarización entre ricos y pobres, entre los "protegidos" y los "desprotegidos" que se traslada más tarde al ámbito político, aumentando el populismo de ciertos políticos, para supuestamente defender las clases medias y bajas, de los abusos y el poder de los ricos y más privilegiados de las clases altas; con lo que todo lo que se había ganado desde mediados del siglo pasado hasta hoy, en cuanto a igualdad, derechos y bienestar general, de buena parte de la población, parece que se está desvaneciendo como un helado que se derrite al calor.

Los diversos factores y circunstancias que acabamos de enumerar han producido un nuevo fenómeno que muchos ya señalan como "el declive de la clase media" y que ha sido provocado, a nuestro juicio, por el estancamiento, cuando no, el descenso de los salarios reales a niveles de hace 20 o 30 años atrás; la generalización de la precariedad en las condiciones de trabajo en casi todos los sectores; la pérdida de poder de los sindicatos, las sucesivas crisis económicas y financieras, y la deficiente política fiscal aplicada en muchos países, que ha favorecido más a los ricos y las clases altas que a las clases medias y bajas. Por otra parte, con un sistema de prestaciones sociales deficiente y muy alejado de la media de otros países de la OCDE, es muy difícil que la anterior clase media vuelva a los niveles de bienestar alcanzados a finales del siglo pasado.

CAPÍTULO DOS

LAS ÉLITES

"La Élite pretende mantener su ensueño de minoría despierta". (Gustavo Bueno)

A través de la historia todos los países han tenido sus propias Élites cuyo principal cometido ha sido detentar el poder, guiar, conducir y proteger al grupo, a la comunidad y a la sociedad. En las tribus primitivas la élite estaba formada por el grupo de ancianos, que eran los que dictaban las normas y administraban la justicia. En la antigua Grecia, lo constituían la Aristocracia, el grupo de sabios y los filósofos que eran los poseedores del conocimiento y de las leyes. En Roma, fueron el Senado y los patricios los que conformaban el grupo de poder que regían al pueblo. En la Edad media, eran los reyes, los señores feudales y los príncipes, los que detentaban todo el poder, y en la edad moderna han sido los grandes industriales y algunos políticos los que dirigen los destinos de los ciudadanos en las sociedades modernas y actuales.

Con este breve repaso histórico queremos decir, como ya nos referimos en el capítulo primero, que tal vez Platón tuviera algo de razón cuando en su libro "La República" decía que "el pueblo debe ser gobernado por los seres más sabios y los mejor formados" ya que el pueblo no es capaz de gobernarse a sí mismo por su falta de conocimientos y sus pasiones primitivas. Sin embargo, el riesgo de dejar que unos pocos gobiernen los destinos de la mayoría también entraña grandes riesgos ya que existe el peligro que esa clase dirigente pueda corromperse con el tiempo y finalmente derivar en una anarquía o una tiranía; (en el próximo capítulo "La democracia", desarrollaremos más profundamente este asunto).

Hace unos meses todos hemos visto en la televisión cómo uno de los miembros de la clase dirigente actual, se subía a su particular nave espacial y se impulsaba hasta lo más alto del firmamento, a unos 100 kilómetros de la tierra, para desde allí y a esa altura, poder contemplar su obra y a los millones de súbditos-consumidores, que como ratones desorientados, corren de un lado para otro, para encontrar y comprar ese objeto de deseo, que de una forma sutil y casi maquiavélica ha diseñado su señor, que en estos momentos los está contemplando desde lo más alto del cielo.

Finalmente, y después de ver con satisfacción que su "sistema" y sus súbditos están seguros y nada hace peligrar su reinado, emprende entonces, su camino de regreso a la tierra, no sin antes ponerse la corona, o el sombrero de tejano, para que al llegar a su destino de vuelta a casa, pueda ser recibido como tal por todos sus admiradores; y al salir de su nave espacial, se prepara cuidadosamente ataviado, y desplegando una gran sonrisa de éxito y satisfacción, recibe los aplausos y los vítores de un público absolutamente entusiasmado y entregado.

Esta anécdota, que no es imaginaria, sino que es bien real, la han repetido varios miembros de esa élite de la que hablamos, con la única diferencia, que ha sido, la marca del cohete. Tales comportamientos y aventuras extremadamente costosos sólo se lo pueden permitir unas pocas personas miembros de la élite. A parte de obedecer a una ambición personal, lo que estas experiencias quieren demostrar es: primero, lo restringido que es ese club que llamamos la élite, y segundo, exhibir un alarde de poder impactante sobre el ciudadano normal, de manera que sepa en todo momento quien es el que manda y quien es el que pone las reglas.

Tal exhibición de poderío por parte de algunos miembros de la Élite nos conduce a una sociedad totalitaria donde sólo unos cuantos privilegiados detentan el poder y fijan las reglas, ante cuyas características ya no puede sostenerse la noción tradicional de sociedad, ni la neutralidad de su inmensa base tecnológica de la que está impregnada. "La tecnología como tal, no puede ser separada del empleo que se hace de ella; la sociedad tecnológica se ha convertido en un sistema de dominación que sutilmente, y a veces descaradamente, tiende a someter al ciudadano-consumidor que sólo se reconoce en sus mercancías; que encuentra su alma en su automóvil, en su aparato de alta fidelidad, en su móvil, su ordenador, su casa, su equipo de cocina; haciendo finalmente de éste un ser alineado que es devorado por su existencia alineada" y que acaba convirtiéndose en un ser unidimensional, producto de la sociedad opulenta, tal como lo describe Herbert Marcuse en su libro, "El Hombre unidimensional".

Este es el ser unidimensional en el que ha convertido el sistema al ciudadano medio. Las ventajas que representa para las élites este nuevo ciudadano-consumidor es inmensa, ya que es infinitamente más fácil y sobre todo más productivo, manejar y organizar una masa de millones de ciudadanos estándar o unidimensionales, a quienes enviar el mensaje de las élites a través de sus plataformas de marketing y de los grandes medios de comunicación afines, de una forma repetitiva e incisiva, de manera que el mensaje cale en lo más profundo de las mentes y aleje así cualquier atisbo de crítica o de inconformismo de los ciudadanos más libres e independientes del sistema. Una vez conseguido esto, las élites pueden estar tranquilas, pues el sistema organizado por éstas, rueda y funciona de forma autónoma para su mayor beneficio.

Por esto, cuando decimos que el sistema está dominado por ciertas élites nos referimos a que el mundo está sometido a la dominación capitalista y a sus mecanismos de captación y deshumanización, pues lo convierten en un mundo cosificado, donde la base de la sociedad y de las relaciones entre sus miembros, son esencialmente tecnológicas, y es precisamente esta tecnología la que la convierte en una sociedad totalitaria al estar basado su diseño y su control, precisamente en la esfera restringida de las élites; principalmente la élites tecnológicas. "Y es con el crecimiento de la conquista tecnológica de la naturaleza que crece la conquista del hombre por el hombre" (Herbert Marcuse).

LOS ESTADOS PLATAFORMA

Cuando hablamos de Estados-Plataforma nos referimos a una expresión mencionada en un artículo sociológico reciente en el que el autor utiliza esa expresión, que nos parece totalmente adecuada, para referirse a las grandes compañías tecnológicas, principalmente americanas y asiáticas. Estas grandes empresas han alcanzado tal dimensión y tal poder que en algunos casos se han convertido en pequeños Estados dentro de los Estados.

Para dar solamente una idea del tamaño alcanzado por alguna de ellas basta con decir que Facebook posee actualmente 2.500 millones de clientes aproximadamente, que Amazon se ha convertido en la mayor tienda al por menor y al por mayor del mundo; que Microsoft domina el 80 por ciento de los sistemas operativos de los ordenadores en todo el mundo, que la empresa Apple ha llegado a valer en bolsa más de 3 billones de dólares; que las empresas asiáticas Huawei y Samsung tienen casi el monopolio de los sistemas de telefonía móvil y detentan el poder del 5G y de las comunicaciones por satélite y de ciertos sistemas de telecomunicaciones espaciales.

A esto es a lo que nos referimos, cuando hablamos de las élites y de los grupos de poder. Es cierto que en muchos países existen leyes anti-monopolio para defender la libre competencia y la transparencia del mercado, pero ¿Cómo se combate o se contrarresta ese inmenso poder cuando una empresa como Apple es capaz de ganarle a la UE un litigio por beneficios e impuestos no debidamente ingresados en los países donde opera, según ha fallado recientemente a favor de la empresa, el Tribunal Superior de Justicia de la Unión Europea?

Igualmente, la mayoría hemos visto por televisión el juicio celebrado en la comisión de defensa de la competencia del Senado de Estados Unidos contra las empresas Google, Apple, Amazon, por la violación reiterada de las leyes anti-monopolio y por abuso de poder y de posición dominante frente a la competencia. Todos sabemos en qué ha quedado la supuesta sanción impuesta a estas empresas; una leve advertencia y una multa simbólica, casi ridícula, comparada con los grandes beneficios que generan dichos grupos empresariales.

Por eso, cuando hablamos de si Google, Apple, Amazon, o Facebook pagan muchos o pocos impuestos en los países donde operan, hemos de concluir que estas grandes empresas contribuyen más bien poco en los países donde trabajan y venden sus servicios. O acaso, ¿no parece justo que dichas corporaciones paguen sus impuestos en los países donde venden y facturan? Recientemente, la OCDE (Organización de Cooperación y Desarrollo Económico) ha conseguido un acuerdo global para que estas empresas paguen un mínimo del 15% de impuestos sobre beneficios en los países donde operan.

Aunque es un acuerdo de mínimos, al menos va en la buena dirección; pero seguimos sin comprender por qué cuando la mayoría de las empresas en casi todos los países pagan impuestos sobre los beneficios del orden del 20, 25, o incluso el 30%; estos grandes conglomerados siguen gozando de unas condiciones tributarias privilegiadas.

En numerosas ocasiones se nos ha dado el argumento que, si estas empresas pagaran las mismas tasas de impuestos que las empresas locales, ya encontrarían aquellas las salidas y los mejores territorios donde pagar menos, pues para eso disponen de un ejército de contables especializados en cómo reducir o incluso evadir la factura fiscal. No hay más que ver que empresas como Google, vende sus anuncios en Alemania, tiene sus ingenieros en California, y declara su sede en Irlanda, por ejemplo; aunque alguna de ellas también disponga de alguna sede en algún paraíso fiscal. Si bien, para ser justos, también estas empresas generan miles de puestos de trabajo y de actividad en los países donde operan; pero, también hay millones de empresas que trabajan y venden en los mismos países y sin embargo, no gozan de los mismos privilegios de impuestos reducidos.

Otro ejemplo de malas prácticas y de formas de operar nada ortodoxas, se ha visto con la empresa Facebook, que utilizó los datos de millones de clientes, vendiéndolos a una empresa de sondeos de opinión y encuestas en Inglaterra llamada Cambridge Analítica. Esta empresa supuestamente dedicada exclusivamente a los sondeos de opinión, en realidad, compraba y traficaba con los datos de millones de personas, con el fin de tratar de influir y cambiar la opinión pública, en múltiples procesos electorales de USA, de Argentina, e incluso de Inglaterra con el proceso del Brexit.

¿Hasta dónde llega el poder de estas poderosas organizaciones? Hace más de 40 años en una película exquisita llamada "Network" dirigida por el director Sidney Lumet e interpretada por un gran elenco de actores entre los que se encontraba el actor Peter Linch; éste realizaba el papel de un periodista famoso que por circunstancias había caído en desgracia y sus índices de audiencia se habían desplomado por completo; ante tal circunstancia, el actor decide reinventarse y convertirse en una especie de predicador que todas las noches a través de la pantalla de televisión lanzaba un mensaje de rebelión dirigido al público con el eslogan siguiente: "Estoy harto y ya no lo puedo soportar …repitan conmigo…estoy harto!…" repitiéndolo hasta la saciedad, con el fin de concienciar a los oyentes para que se rebelaran y dijeran que ya estaban hartos del sistema y de sus condiciones de vida.

De pronto, y al constatar los dirigentes de esa cadena de televisión, la súbita e inesperada remontada de los índices de audiencia de esa cadena, el presidente de la corporación, un tal Jensen, llama al periodista para felicitarle por el gran aumento de espectadores, pero al mismo tiempo indicarle, que ese tipo de mensajes no son los más adecuados para un medio de comunicación a largo plazo; ante lo que el periodista extrañado e intentando justificar su trabajo, recibe una pequeña reprimenda del presidente diciéndole "La Democracia no existe, los Estados no existen, las Corporaciones son los nuevos Estados". En el fondo, la película es una crítica ácida sobre las grandes empresas y las formas en la que operan en los distintos países.

Por tanto, cuando hablamos de Estados-Plataforma nos referimos precisamente a estas grandes empresas tecnológicas que usando el gran poder que tienen sus plataformas de comunicación y difusión a nivel mundial, pretenden y logran en numerosas ocasiones, alterar las condiciones, los precios y los estados de opinión de millones de ciudadanos en todo el mundo; y por supuesto, no precisamente en bien de la comunidad, sino, en beneficio propio; constituyéndose en un gran poder paralelo y a veces superpuesto a numerosos gobiernos.

LOS CÁRTELES

La Pandemia del Covid-19, nos ha dejado un ejemplo palmario de lo que son los grupos de poder y las Élites económicas y políticas en todo el mundo. Pocas veces, en la historia reciente se ha visto con tanta claridad y con tanta deshonestidad, quienes son esos grupos de poder y esas élites a las que nos referimos y que gobiernan el mundo y a sus ciudadanos.

Nos referimos a las grandes compañías farmacéuticas, a los grandes grupos de transporte, a los grandes grupos de producción y distribución alimentaria, a las grandes compañías energéticas, a los países productores de petróleo y gas...etc...

Comencemos por las empresas farmacéuticas. Los grandes grupos farmacéuticos como Pfizer, Bayer, Roche, Johnson &Johnson, Novartis... Sin negarles su aporte de valor a la innovación y al desarrollo de nuevos fármacos, y su contribución a la salud y el bienestar de los ciudadanos en la mayoría de los países; tenemos que constatar igualmente las malas prácticas y la promoción de ciertos grupos de poder en muchos países, especialmente en vías de desarrollo, mediante la instalación de programas de pruebas de nuevos medicamentos o de tratamientos, que utilizan estos países al tener una legislación más laxa y por ser económicamente más rentables, sin tener en cuenta, la mayoría de las veces, que se trata de experimentos realizados con seres humanos, que en esos casos les sirven como cobayas. Algunas empresas ya han sido sancionadas por tales prácticas como en el caso del laboratorio Chemie Grünenthal de Alemania y su empleo de la Talidomida en España y otros 50 países que dejó miles de bebés y de personas afectadas, y con secuelas permanentes durante décadas.

Uno de los problemas y de las reclamaciones más recurrentes de las que han sido acusadas las empresas farmacéuticas es la falta de información clara y fidedigna sobre sus medicamentos o sobre sus tratamientos. En numerosos casos, no es tanto la falta de información, como el empleo sistemático de una información sesgada o interesada, favoreciendo los beneficios de tal o cual medicamento y obviando sus contra-indicaciones o efectos adversos. Ejemplos de uso diario y cuyos efectos secundarios están en entredicho y existen potenciales riesgos para la salud, por poner sólo algunos ejemplos son; el omeprazol, el vytorin, el crestor, o el lipitor…

Otra de las prácticas corrientes que emplean estas empresas es el pago de fuertes comisiones a los médicos o a las farmacias que vendan sus medicamentos, completándolo muchas veces con caros regalos en forma de viajes, seguros, asistencia a congresos etc… a cambio, no solamente de vender sus medicamentos, sino favoreciendo los beneficios que esos medicamentos proporcionan y obviando u ocultando sus efectos negativos.

Se ha hablado mucho de los ingentes beneficios que dichas empresas generan y obtienen a lo largo de los años, y aunque cuando se les recrimina que sus medicamentos son demasiado caros, estas empresas se justifican aduciendo que los programas de innovación y desarrollo para sacar un medicamento al mercado son también muy costosos, y por tal motivo, tienen que poner esos precios. Basta citar a título de ejemplo, un medicamento contra el reuma sacado por una de estas empresas al precio de 10 euros y que unos meses más tarde, ante el éxito obtenido, elevó su precio hasta los 300 euros obteniendo así una rentabilidad del 3000% sobre un sólo medicamento. Y si repasamos los beneficios declarados por alguna de estas empresas en los dos últimos años, encontramos casos como el de Pfizer que declaró un beneficio del 42%; Moderna, Sanofi, GSK, y otras cinco empresas más declararon beneficios por encima del 20%. El 90 por ciento de las empresas del resto de sectores, estarían encantadas de obtener beneficios por encima del 10%.

Finalmente, una de las malas prácticas empleada por estas corporaciones farmacéuticas es el comercio de las patentes. Cierto es que el desarrollo de un nuevo medicamento hasta su puesta a la venta al público, conlleva largos años y a veces ciertos fracasos por el camino y el registro de la patente correspondiente; hecho, que utilizan las farmacéuticas para justificar sus altos precios. La mayoría de las patentes se otorgan por 20-25 años, con lo que, pasado este período, cualquier otra empresa puede vender el elemento básico de ese medicamento, como un genérico a un precio mucho más barato en el mercado. Ante esta circunstancia, muchas farmacéuticas negocian y comercian con estas otras empresas de segundo orden, para que retrasen la salida al mercado de sus genéricos, evitando de este modo una competencia que les sería muy desfavorable a las empresas farmacéuticas que ya no tienen la exclusiva de la patente. Evidentemente, lo hacen, mediante una recompensa económica o de otro tipo.

Otro grupo de empresas que forman un Cártel de hecho, son las Compañías Navieras. En efecto, el 80% de las mercancías que circulan por el mundo, son transportadas por estas empresas en sus flotas de grandes barcos portacontenedores. La concentración en este sector es tal, que prácticamente cinco empresas se reparten el pastel del transporte de mercancías alrededor del globo. Estas son: MAERSK, MSC, CMA CGM, COSCO, HAPAG-LLOYD. No decimos que actúen como un oligopolio, pero, al menos lo parece.

Cuando se desató la pandemia el Covid-19, empezó a fraguarse lo que hoy llamamos "la crisis de la cadena de suministro". El fenómeno comenzó inicialmente con algunos buques que tardaban más de lo normal en hacer su trayecto de Asia a Europa y a América, que fue creciendo paulatinamente hasta acumular retrasos de varios meses en muchas de las flotas de estos buques de transporte, lo cual generó una cadena de problemas imprevistos hasta entonces en la mayoría de las fábricas y el comercio mayorista y minorista en todo el mundo.

El problema se origina por la reducción general de trabajadores en los puertos y en las compañías navieras aquejados por el impacto de la pandemia del Covid-19. Esta escasez súbita de trabajadores y de mano de obra que afecta no sólo a las compañías navieras, sino también a miles de fábricas cuya producción se ve mermada por este fenómeno, produce la rotura de la cadena de suministro y de la logística, en el normal movimiento de mercancías alrededor del mundo; creando una escasez y una rotura de stocks de productos en miles de almacenes y depósitos, por la falta de mano de obra para mover dichas mercancías.

Ante esta nueva situación de escasez, comienza a funcionar la ley de la oferta y la demanda que lógicamente estira los precios hacia arriba, cuando hay más demanda que oferta en cualquier producto o servicio en la economía, como es bien sabido.

Las cuatro o cinco compañías navieras que hemos mencionado anteriormente, reaccionan rápidamente intentando que sus buques contenedores no permanezcan parados más tiempo del posible en esas circunstancias; pero el bloqueo en los puertos y en las rutas sigue aumentando, hasta el punto que un buque normal que tarda 20 días en llevar unas mercancías de China a Europa, de pronto, comienza a tardar dos o tres meses y en el punto álgido de la crisis hasta cuatro o cinco meses. Las consecuencias para las fábricas y el comercio en el mundo son desastrosas, y todavía se hacen sentir en muchos lugares.

Llegados a este punto, ya no rige la ley de la oferta y la demanda, y lo que se instala en los mercados de todo el mundo es una especulación peligrosa, para ver quién es el que ofrece el mayor precio, para conseguir un buque que transporte sus mercancías.

Viendo esta situación, las principales compañías navieras, se sienten desbordadas y acusan la presión de sus clientes, trasladando rápidamente sus aumentos de precios a los servicios de transporte que prestan, iniciando una espiral de precios que nadie sabe dónde acabará y de cuya situación se aprovechan estas navieras; hasta el punto, que el coste de un contenedor en una ruta normal, que costaba antes de la pandemia unos 2000 $ unos meses después llegaba a costar hasta los 10.000 $ o incluso los 15.000 $ dólares por el mismo contenedor en la misma ruta.

Estando de acuerdo que estamos ante una situación excepcional, este hecho no quita para afirmar que muchas de estas navieras se han enriquecido de forma anormal durante este período hasta el punto que la naviera Maersk ha declarado unos beneficios el año pasado del 40% alineándose prácticamente en esos mismos niveles las otras cinco u ocho principales navieras. Adicionalmente a los beneficios operativos, hay que añadir que muchas de estas empresas han recibido subvenciones de sus gobiernos para ayudarlas a resistir en esta situación anormal.

En una nota reciente el FERM, foro de referencia marítima, denuncia que las navieras eligen de forma aleatoria y opaca a sus clientes mediante algoritmos, transportan contenedores vacíos a pesar de la demanda de carga y desatienden la normativa europea del sector para que colaboren entre ellas para poder ofrecer así, precios más bajos. A esto es a lo que nos referimos, cuando hablamos del poder de las Élites, y en este caso, estas empresas forman parte de la Élite mundial que controla, manipula y distorsiona los precios y los servicios del transporte marítimo y como consecuencia, el precio de millones de productos, ofrecidos a los ciudadanos.

No menos importante, tal vez por más opaca, es la Élite alimentaria; en efecto, gran parte de lo que comemos y de la industria alimentaria en general, está en manos de cinco grandes empresas. Así, el 95% de las semillas de todo el mundo son propiedad de la empresa Monsanto; no es difícil imaginar el gran poder económico y político que supone tal situación, ya que ello implica que la mayoría de los alimentos que se cultivan en el mundo dependen de una sola fuente de suministro y de una única empresa.

Pensamos que la mayoría de la población no es consciente del peligro que ello representa, en el caso de una situación de grave escasez o si se quisiera utilizar como arma de chantaje en un caso de conflicto político o de otra índole.

De cualquier forma, la mayoría de los agricultores de todo el mundo ya están soportando las consecuencias de este estado de cosas, pues estas empresas multinacionales dictan sus normas, fijan sus precios e imponen sus condiciones, ya que, de hecho, actúan como un monopolio. Los Gobiernos de los distintos Estados no deberían permitir este tipo de cosas, al tratarse de una materia tan sensible, como es la seguridad y el abastecimiento de la alimentación a la mayoría de la población.

Otro sector donde dominan unas cuantas empresas en el mundo es el de la Distribución Alimentaria, o el de las grandes cadenas de supermercados. Grupos como los americanos Walmart y Target; los franceses, Carrefour y Auchan; o los ingleses Tesco y Mark&Spenser; representan el 80% de la venta de alimentación no sólo en sus países, sino en grandes áreas de otros países. Es igualmente bastante fácil, hacerse una idea del poder que detentan estos grupos de empresas, pues no sólo pueden imponer sus condiciones de compra y de precios a los miles de proveedores que les suministran, sino también, a los millones de ciudadanos-consumidores que compran sus productos; sin olvidar las condiciones privilegiadas que tienen al negociar con los distintos Gobiernos en los diferentes países, donde adicionalmente gozan de múltiples subvenciones.

No podemos olvidar, por otra parte, la competencia desleal que estos grandes grupos representan para los agricultores y sus productos de muchos países en vías de desarrollo, pues al vender sus productos de marca a bajo precio en esos países, hacen una competencia desleal y ruinosa para los productores locales, ya que la gran mayoría de esos productos, como la leche o la carne, por ejemplo, han sido generosamente subvencionados por los Gobiernos del primer mundo donde se encuentran esas empresas.

Los grandes grupos Energéticos en el mundo como NEXTera en USA, EDF en Francia, Enel en Italia, Iberdrola en España, E. ON en

Alemania etc... suponen tal vez, el ejemplo más claro de lo que es un Oligopolio y de cómo operan. Un Oligopolio es un reducido grupo de grandes vendedores en un mercado, que, mediante común acuerdo, altera la competencia y sube los precios para los consumidores.

Muchos recordamos todavía la quiebra en 2001 de la mayor empresa energética de Estados Unidos como fue la empresa ENRON, y que de paso, arrastró también a la quiebra a una de las mayores compañías de auditoría del mundo como era Arthur Andersen. Cito este ejemplo, posiblemente, el más ilustrativo del sector, ya que en aquel momento representó la mayor quiebra empresarial en la historia de los Estados Unidos, para ilustrar cómo actúan a veces estas empresas energéticas. Aquí en Europa tenemos también un ejemplo más reciente, aunque no tan grave, cuando la alemana E. ON lanzó una OPA fallida, sobre la española Endesa para así construir el mayor grupo de electricidad y gas del mundo en el año 2006.

Pero sin olvidar esta clase de operaciones turbias, ni los tejemanejes que llevan las Eléctricas con los Gobiernos de turno, sin olvidar los numerosos casos de puertas giratorias, para dar paso a antiguos políticos con el fin de influir y legislar a su favor, queremos centrarnos en la operativa interna y cómo obtienen sus ingresos estos grandes grupos, que abusando de su posición de poder y de un bien de primera necesidad como es la luz eléctrica contravienen y violan de forma sistemática todas las reglas de la economía y del derecho, llegándose a convertir en lo más parecido a indecentes operadores de atraco organizado, que la mayoría de los ciudadanos repulsa.

Tomemos como ejemplo la factura de la luz; cualquier persona que haya intentado entender la factura de la luz que todos recibimos mensualmente, se habrá enfrentado, sin lugar a dudas, a uno de los jeroglíficos más complicados y misteriosos que haya intentado descifrar en su vida. De forma resumida diremos que la factura de la luz se compone de no menos de 10 elementos o conceptos: entre el 30 y el

40% aproximadamente corresponde al consumo de energía eléctrica, el 60 o 70% restante, se distribuye en una serie gastos que nada o poco tienen que ver con el consumo de electricidad, como son: los peajes, los cargos por la renovables, las tasas fijas, los impuestos, alquileres... etc.

A pesar de la pandemia del Covid-19, en el año 2020, las compañías eléctricas Iberdrola y Endesa obtuvieron unos beneficios en conjunto de más de 5.000 millones de euros, elevando su rentabilidad hasta un 36% en un año no favorable como ha sido el año de la pandemia. Nos preguntamos cuál será su rentabilidad en un año normal. Es evidente que nos encontramos ante otra élite que actúa y dirige sus negocios, con la connivencia de muchos Gobiernos, sin tener muy en cuenta el bien común y el bienestar de los ciudadanos, a pesar de tratarse de un bien de primera necesidad como es la electricidad.

Las compañías petroleras y los países exportadores de petróleo, (OPEP), son la otra Élite, que comanda y dirige los destinos de la economía mundial, para desgracia de los ciudadanos-consumidores. En 1974, la OPEP decidió unilateralmente el aumento del precio del petróleo que pasó de costar 3 $ dólares el barril a 12 $ dólares; es decir, un aumento, prácticamente de la noche a la mañana de más de un 300%. Este hecho, vino provocado por el embargo al que sometieron los países árabes exportadores de petróleo a los países occidentales por apoyar a Israel en la llamada guerra del Yom Kippur. Una vez más, observamos los finos lazos que unen a la política y a la economía y cómo, ciertas élites, en este caso algunos países, son capaces de poner al pie de los caballos, al resto del mundo.

Las graves consecuencias que se produjeron a nivel mundial no tardaron en manifestarse. El parón de la economía fue casi instantáneo, el aumento del paro fue la consecuencia más inmediata, el aumento de la inflación se volvió ingobernable y el descenso del PIB en la mayoría de los países se convirtió en la norma; provocando una recesión y un estancamiento de la economía, que desafortunadamente, duró hasta bien entrados los años 80.

El poder de esta organización de países exportadores (OPEP) se ve reflejado regularmente en la oscilación de los precios del petróleo que soportan los ciudadanos-consumidores de la mayoría de los países, ya que como ocurre con otras élites mencionadas anteriormente, este cartel de exportadores, controla la producción y el consumo del 40% del petróleo que se consume en el mundo; de manera, que como se suele decir, tienen la sartén por el mango, pues cuando la demanda de petróleo aumenta, ellos aumentan el precio, y cuando la demanda baja, ellos reducen la producción de manera a no perder sus ingresos y mantener los precios.

Paralelamente a estos pocos países, existen otras grandes empresas estatales como Aramco de Arabia Saudí, o la rusa Gazprom o incluso la China Sinopec que actúan en los mercados de una forma poco transparente, y que distorsionan constantemente los precios mediante políticas cercanas al chantaje, como se ha podido ver con la actuación del Gobierno Ruso amenazando al Gobierno Alemán con el corte de suministro del gas, en caso de no aceptar sus condiciones. Tampoco podemos olvidar el gran poder e influencia acumulados a través del tiempo, y del establecimiento de relaciones privilegiadas con ciertos Gobiernos, de otro grupo de élite, como son las grandes compañías petroleras: baste citar algunos nombres, para constatar la relevancia y el poder que detienen estas compañías a día de hoy. Así, compañías como Chevron, Exxon, Shell, Total, BP... etc; podemos ver cómo les son familiares y están en la mente de la mayoría de los ciudadanos-consumidores.

Estas grandes corporaciones actúan de otra manera en los mercados, estableciendo alianzas entre ellas para formar oligopolios temporales, con el fin de defender sus precios e intereses en uno o varios territorios a la vez; o utilizando de manera interesada, los numerosos "Lobbies" (grupos de influencia y presión), con los que colaboran, para tratar de influenciar y facilitar ante los distintos Gobiernos, las políticas que sean más favorables a sus intereses.

LOBBIES Y GRUPOS DE INFLUENCIA

Por último, y no menos importantes están los clubs, los foros, y las diversas instituciones que bajo nombres variopintos como "fundación, think tank, instituto, academia, centro de" etc… se dedican a estudiar y a favorecer, cuando no a presionar, los distintos Gobiernos de turno, o a sus Ministerios para conseguir apoyos y prebendas para las empresas nodrizas de las que dependen, o para conseguir reducir la factura cuando aquellas cometen alguna infracción grave o directamente se saltan la ley vigente; con el convencimiento de que con el apoyo de sus asociados, les saldrá más económico pagar la correspondiente multa rebajada por las autoridades, que tener que renunciar a las inmensas ganancias que tal infracción les habrá proporcionado.

Un ejemplo entre otros, es el de la "American Petroleum Institute", que es la asociación de comercio que representa a más de 300 compañías petroleras y negocia sus relaciones con el Congreso Americano. Como verdadero Lobby, se encarga de que estas compañías cumplan con la legislación vigente, especialmente en lo que respecta a las repercusiones sobre el medio ambiente que pudieran tener sus actividades o sus productos, principalmente, el petróleo. Por esto, llevan a cabo regularmente estudios e inspecciones con el fin, de que estas empresas cumplan y se adapten a la legislación vigente. Sin embargo, en varias ocasiones, grupos independientes como Greenpeace u otros, han detectado graves incumplimientos en la forma de operar de estas empresas, así como, flagrantes violaciones de las normas, especialmente en territorios fuera de los Estados Unidos.

Pero esto no es lo más grave; sino que se ha probado en repetidas ocasiones, cómo los dirigentes de estas empresas han negado una y otra vez, la influencia de su actividad en el cambio climático, llegando incluso a promover estudios paralelos con la contratación de "supuestos expertos", que directamente descalificaban o debilitaban las conclusiones de otros Organismos oficiales sobre las repercusiones de la actividad petrolera en el mundo, sobre el medio ambiente. Adicionalmente, se ha podido probar que ciertos legisladores sobre esta materia, estaban debidamente recompensados por retrasar o directamente anular las nuevas disposiciones que en materia de medio ambiente iban saliendo del Congreso Americano; existen numerosas denuncias al respecto. (Art. Climate Crimes, por Chris McGreal, The Guardian, Jul, 2021).

Huelga decir, por otra parte, que la contribución de las empresas petroleras a esta organización lobista es más que generosa como podemos ver en el caso de la empresa Shell, que contribuyó en 2020 con más de 10 millones de dólares a esta organización. O como en el caso de la empresa Exxon, que, para librarse de una sanción importante, retribuyó generosamente con otros 11 millones de dólares a la American Petroleum Institute.

Por último, y como en el caso de las farmacéuticas; las técnicas más variadas y sutiles de los mecanismos de la desinformación, para dar credibilidad a sus productos y omitir los efectos negativos de los mismos, son empleadas con fluidez y regularidad por estas organizaciones, haciéndose pasar por las víctimas, o cabezas de turco (whipping boy) de toda la industria, tal como declaró recientemente un lobista de la empresa Exxon, en el Congreso en Washington.

LA ÉLITE POLÍTICA

Otra de las élites más privilegiadas del sistema, es la clase política, la cual tiene un papel determinante en la buena marcha y el buen funcionamiento de una sociedad y de un país. Curiosamente para ejercer tan alta función y responsabilidad, es sorprendente ver, cómo los miembros de esta clase social, poseen unos privilegios y gozan de unas prebendas a las que la mayoría de los ciudadanos no tienen acceso; y para ello, no se exigen unos estudios especiales ni tampoco una formación específica; basta con ser ciudadano del país, tener buenas relaciones y buenos contactos, además de estar afiliado, por supuesto, a un partido político concreto.

Hemos de acudir, de nuevo a los filósofos griegos; según Aristóteles, (libro VII La Política), la Aristocracia, es la institución más idónea para gobernar y dirigir al pueblo, en la que los cargos políticos deben ser distribuidos según el mérito entre los ciudadanos que sean los mejores desde el punto de vista moral e intelectual; ya que el pueblo por sí solo, no es capaz de gobernarse, por su falta de conocimiento y de preparación, dejándose llevar la mayoría de las veces en sus decisiones y votaciones por elementos secundarios, como la apariencia de los candidatos, su simpatía, u otros elementos marginales, que desvirtuarían de forma importante los procesos electorales y pondrían en peligro la idoneidad y el buen hacer de los gobiernos electos.

Para ello, propone que la democracia (el gobierno del pueblo, por el pueblo…) tiene que ser dirigida por una cierta clase social que él llama la Aristocracia, es decir, por un grupo de personas debidamente formadas y virtuosas, que han dedicado gran parte de su vida a prepararse para tal alta responsabilidad, y que, de ese modo, puedan tomar las decisiones más sabias para la sociedad. Aunque este planteamiento puede parecer un tanto clasista, el prestigioso politólogo Francis Fukuyama, en su libro "El fin de la historia" confirma esta visión, cuando dice que es un error, "despreciar a las élites, y que toda sociedad necesita de élites".

A nuestro juicio, tanto Aristóteles como Platón, pecan de una cierta ingenuidad cuando hablan de que hay que escoger a los seres más sabios y más virtuosos; bastaría con un breve recorrido por la historia y por el momento actual, para comprobar cuán lejos está la clase política en general, de esos planteamientos y de tales requerimientos. Lo que encontramos hoy día en muchos países y gobiernos, es más bien, una clase social, representada por personas, que lejos de pensar y tomar las decisiones más justas y más sabias para el pueblo, piensan prioritariamente en no perder su escaño, en aprovechar en lo posible, las ventajas y beneficios que tal oficio conlleva, y en tener la mirada puesta en el corto plazo, es decir, en las próximas elecciones, y no pensar ni planificar a medio o largo plazo, pensando en las generaciones futuras. No entraremos en ciertos comportamientos de dominio público relacionados con la corrupción y otras prebendas con las que algunos políticos están familiarizados, y de cuyas acciones muchos ciudadanos acaban descontentos, frustrados y desengañados con la política, apartándose definitivamente de esta y dejando de participar y de ejercer su derecho al voto en las siguientes elecciones, tal como estamos observando en varios países hoy día.

Pensamos que el alejamiento que se está produciendo, en muchas partes del mundo, de la política, es debido precisamente, a esos comportamientos poco éticos de muchos políticos, a la polarización creciente que se está dando entre los partidos, haciendo que el normal debate entre estos, se parezca más a una disputa o casi una guerra política, viendo cómo se comportan en los foros como el Parlamento o el Senado. Por otra parte, el ciudadano de clase media, se está alejando cada día más de la política, debido a la pérdida de "estatus" provocado por una desigualdad creciente.

CAPÍTULO TRES

LA DEMOCRACIA

"La política es un asunto demasiado serio como para confiárselo a los políticos".
(Charles de Gaulle)

En la antigua Grecia eran las "Asambleas" formadas por algunos ciudadanos las encargadas de representar al pueblo y sus intereses en las "polis" o ciudades. Ahora bien, no es hasta la Ilustración y la posterior declaración de los Derechos Humanos y el sufragio universal, cuando realmente se desarrolla la Democracia representativa, constituida por los distintos partidos políticos que representan a los ciudadanos.

Aunque unos siglos antes, ya existió el primer parlamento o las primeras cortes, con los "Decreta" de 1188 en el reino de León en España y posteriormente en 1688 con la instauración del primer parlamento de Westminster en Inglaterra; que es el origen de los actuales Parlamentos democráticos y que se desarrollan a partir de la Revolución francesa y la implantación del primer Parlamento democrático y la primera constitución en Estados unidos en 1787, y posteriormente en toda Europa.

Hay consenso en que la democracia ofrece el mejor mecanismo para tomar decisiones colectivas que sirvan a los intereses de la comunidad. Los ciudadanos eligen a representantes que se reúnen en asambleas para tomar decisiones colectivas mediante votación. Este es el principio de la democracia representativa. La finalidad es alcanzar acuerdos y dictar leyes y normas para el correcto funcionamiento de la sociedad; y todo este proceso está basado en la honestidad y en el equilibrio de los representantes (diputados y senadores); hecho, que como veremos más adelante, se corresponde más bien poco con la realidad. Dichos representantes descubrieron hace tiempo que tienen muchas más probabilidades de ser elegidos, si dicen al electorado lo que desea escuchar, antes que hablar de los verdaderos problemas y de cómo resolverlos de la mejor manera. Pero para eso, también existe otro sistema llamado Democracia directa, de la que hablaremos más adelante.

Existe un principio básico en las ciencias, en la economía, en la psicología y en la naturaleza en general que es el estado de equilibrio; es este un estado al que todo buen gobierno debería tender y a ser posible alcanzar; pues es el mejor estado y situación en el que puede estar una sociedad. Sin embargo, la democracia, como toda construcción humana es esencialmente imperfecta, y lo que toca a los ciudadanos, es ir perfeccionándola progresivamente, mediante la negociación, los acuerdos y los pactos, que constituyen, por otra parte, la verdadera función de la política y de los políticos.

Los ciudadanos, no están libres de culpa, pues se supone que buscan a los representantes que tengan en mente siempre, los mejores intereses para la comunidad. Pero resulta que en la realidad, los intereses de los votantes no coinciden, con frecuencia, con los intereses de la comunidad o el bien común; de manera que estos suelen elegir a los representantes políticos que mejor representen sus intereses personales, y los políticos elegidos suelen trabajar arduamente para satisfacer los intereses personales de muchos votantes, ya que de ellos depende su próxima reelección, entrando así en un bucle que se retroalimenta entre ciudadanos votantes y políticos elegidos, quienes se olvidan fácilmente de su principal cometido que es el buscar y satisfacer el bien común. Este fenómeno se acelera, cuando entra en juego el dinero para soportar las campañas y la reelección de los candidatos, que acaba en muchas ocasiones en procesos de verdadera corrupción (como hemos visto anteriormente con los lobbies), alterando y adulterando el fin verdadero y la esencia de la política y de la democracia.

De este modo, lo que parece estar demostrando cada vez más la democracia, es su incapacidad para corregir sus propios excesos, provocando un incipiente descrédito en la política y los políticos, junto a un creciente descontento en la mayoría de los ciudadanos votantes, especialmente entre los más jóvenes.

Esto nos conduce al análisis de lo que representan las decisiones individuales y las decisiones colectivas en la política, que deberían estar sustentadas por los valores sociales o morales generalmente y no por los valores individuales. Los valores sociales son, en general, más difíciles de evaluar que los valores individuales, aunque casi todo el mundo está de acuerdo en que los primeros, son los que producen un mayor beneficio para la comunidad, y por tanto, para la sociedad en su conjunto. Sin embargo, en esta dicotomía entre el bien común y el bien individual, suele ganar este último, pues hay una ley, no escrita, entre los seres humanos, que es la del propio interés.

En la democracia representativa se supone, que los políticos elegidos por los votantes representan ciertos valores que defienden y que deben coincidir con los valores de los que los han elegido; pero desgraciadamente, en el mundo real, esto no funciona así. En el ámbito de los mercados, en la economía, cuando algunas decisiones individuales se alejan peligrosamente del centro de equilibrio, el mercado suele corregirlas casi de inmediato, bien castigándolas mediante una bajada profunda de su valor, o directamente expulsándolas del mercado. Sin embargo, en política, cuando se toman decisiones colectivas erróneas, estas, no producen los mismos resultados, al ser mucho más difusas y difíciles de valorar por los ciudadanos; en todo caso, hay que esperar al próximo proceso electoral para que los votantes corrijan las malas acciones de algunos políticos; con lo cual, la eficiencia del proceso se ve claramente perjudicada y diluida en el tiempo pues las elecciones suelen ser cada cuatro años.

Y ese es a nuestro juicio, uno de los principales defectos de la democracia, es decir, su visión a corto plazo, su cortoplacismo y el no mirar más a medio y largo plazo, pues pasan el tiempo pensando más en las próximas elecciones y en la propia reelección, que en dirigir la mirada más lejos, pensando en los ciudadanos más jóvenes y en los que vendrán después, preparando y haciendo planes y leyes precisamente, que puedan servir y ser útiles a las nuevas generaciones; pero de eso hablaremos más adelante cuando hablemos de reformar la democracia.

Hace 2400 años Platón en el libro VI de la República, ya decía que la política debe ser llevada por "los ciudadanos más sabios y más virtuosos", pues de ellos dependía la buena marcha del Estado y el bienestar de la ciudadanía. En ese libro desarrolla una parábola que ilustra bien su pensamiento de la democracia; en él hace la siguiente pregunta: "¿Si estuvieras en medio del océano en un barco a punto de hundirse, ¿qué harías? ¿Convocarías una elección para ver cómo se pilota el barco, o buscarías entre la tripulación al más experto para que diera una orden?" … supongo que todos escogeríamos la segunda opción, es decir, lo que se necesita para salvar el "gran barco del Estado" en una situación de peligro, es gente formada y especializada, o sea un experto.

Sabemos que Platón no era muy entusiasta de la Democracia pues decía que a la larga esta se degrada por el exceso de libertad y la consiguiente corrupción, derivando finalmente en una Tiranía; incluso votar por un líder le parecía arriesgado pues los electores eran fácilmente influenciados por características irrelevantes, como la apariencia física u otros factores totalmente secundarios y no se daban cuenta que lo que se requiere son hombres experimentados, cualificados y virtuosos para gobernar, así como para navegar la nave del Estado. Efectivamente, Platón pensaba que el gobierno debía estar dirigido por una cierta aristocracia, es decir, por unos pocos hombres que habían dedicado buena parte de su vida a prepararse para tan alta responsabilidad.

Sin estar totalmente de acuerdo con este pensamiento un tanto clasista de la clase política dirigente, pensamos que la democracia, (el gobierno del pueblo), debe estar administrada y dirigida por ciudadanos formados y suficientemente preparados y provistos de valores, para dirigir los destinos del Estado y de sus pueblos; siquiera al ver, la baja calidad y la falta de preparación de muchos diputados y ministros, de los que están constituidos hoy día muchos parlamentos y varios gobiernos. Pues como dice Francis Fukuyama en su libro "el fin de la historia", la mejor forma de organización política y social de una sociedad, después de los totalitarismos de izquierdas y de derechas habidos en el siglo veinte, siguen siendo la democracia liberal y el libre mercado.

EL SISTEMA ELECTORAL

El sistema electoral está formado por un conjunto de reglas y ordenanzas con el fin de reflejar de la manera más justa posible la voluntad del pueblo. Las reglas las organizan los gobiernos y las juntas electorales en la mayoría de los países, y es el sistema dominante en Europa y en América. Existen tres grandes sistemas: el sistema de pluralidad, o de escrutinio de lista mayoritaria; el sistema de segunda vuelta, o de mayoría absoluta; y el sistema proporcional o de mayoría relativa. Hay también otros sistemas minoritarios, como el de voto preferencial, o el de sistema semi-proporcional muy poco utilizados. Los agentes encargados de organizar y gestionar las elecciones generales y regionales como representantes del pueblo, son los distintos partidos políticos.

La mayoría de los países utilizan alguno de los tres sistemas mencionados anteriormente y en algunos casos lo hacen empleando alguna variante marginal, como la ley d'Hondt, con el fin de compensar aquellos territorios o distritos que por razones demográficas o de extensión pudieran verse perjudicados y no reflejara fielmente las características y la especificidad de esas regiones.

Uno de los sistemas utilizados es el de mayoría absoluta o de doble vuelta, como es el caso de Francia, Austria, Finlandia y varios países, donde si en la primera vuelta el candidato a la presidencia no obtiene la mayoría, se pasa a la segunda vuelta donde basta con el 51% de los votos. Sin embargo, el sistema de representación proporcional es el más utilizado en Alemania, Holanda, Dinamarca, Sudáfrica… etc y casi la mitad de las democracias representativas. Bajo este sistema se presentan las listas de los candidatos que elaboran los partidos políticos; estas listas pueden ser abiertas o cerradas; y aquí es donde observamos un primer paso de la "calidad" de unas democracias respecto de otras.

El sistema de listas de candidatos es el comúnmente utilizado por los partidos, pero donde empezamos a ver diferencias es precisamente en la forma que los partidos elaboran esas listas; en Alemania, por ejemplo, cada votante dispone de dos papeletas: una es nominal y abierta para el candidato del distrito, y la otra es para la lista cerrada que ha elaborado el partido para el candidato al Congreso. De este modo, los ciudadanos pueden elegir libremente al candidato que mejor conocen de forma personal en cada región o distrito, y luego eligen la lista del partido al que pertenecen para el candidato al Bundestag. Este sistema es, nos parece, el más adecuado y el más justo para reflejar de la forma más eficiente, la voluntad del pueblo.

Paralelamente, existen otros sistemas electorales de representación proporcional por sufragio universal, como es el caso de España, donde precisamente, se aplica la ley d'Hondt, ya que de las 52 circunscripciones electorales, existen algunas que no están debidamente representadas en el Congreso al no reunir unos porcentajes mínimos de los partidos o también por razones de población están sobre-representadas…así, observamos cómo algunos partidos minoritarios como Mas País necesitó medio millón de votos para obtener tres escaños y sin embargo el PNV con 300.000 votos obtuvo seis escaños. Este es un claro ejemplo, cómo partidos minoritarios y la ley electoral actual, otorga sobre-representación a algunos partidos, y sin embargo, a otros con más votos los deja menos representados, alterando de este modo, la voluntad real de los votantes.

Por último, tenemos el caso de Suiza en el que emplean el sistema de la Democracia directa, es decir, un ciudadano igual a un voto; para ello utilizan la fórmula de los referéndums y las iniciativas ciudadanas, para votar la mayor parte de las leyes e incluso la reforma de la Constitución. Basta con reunir 50.000 firmas para modificar cualquier Ley, y con 100.000 firmas se puede cambiar igualmente cualquier artículo de la Constitución. Es un sistema ágil y directo y que refleja en todo momento el sentir y la voluntad del pueblo. Ha tenido, sin embargo, algunas críticas al considerarlo poco operativo para poblaciones importantes (más de 20 millones); por la dificultad operativa y logística de este sistema, dejándolo sólo idóneo para países más pequeños en población.

Como hemos dicho anteriormente, los responsables y encargados de gestionar los anhelos y la verdadera voluntad del pueblo son los partidos políticos. Desafortunadamente y con mucha frecuencia, estos tienden a confundir los intereses comunes del pueblo con los propios intereses privados, cuyo fin no es otro, que el mantenimiento y el preservar su estatus privilegiado de clase dirigente, con los beneficios y prebendas que ello comporta. Un ejemplo palmario de lo que afirmamos, es el mantenimiento de las listas cerradas en los diversos procesos electorales, ya sean nacionales, regionales o locales; desvirtuando de este modo uno de los principios esenciales de la democracia cual es, el respetar la voluntad soberana del pueblo y de su voto.

En este sentido, es bueno recordar la afirmación de Edgar Pisani, director del Instituto del mundo árabe en París cuando dice "Sabemos que la democracia tal como la vivimos hoy, llevará al poder a hombres y mujeres cuya principal calidad no es precisamente la excelencia sino la mediocridad… Estamos lejos de aquello que constituía la ambición de las democracias nacientes: que la elección de todos, eligiera al mejor de todos".

En realidad, esta aspiración tan noble, es hoy una quimera que se han encargado de enterrar las cúpulas de tantos partidos. En este punto, los sistemas electorales poco pueden hacer, puesto que son los partidos normalmente los encargados de proporcionar los candidatos; y con tristeza observamos, que es precisamente en el interior de los partidos, donde menos se da la democracia interna, ya que lo que prima es la soberana voluntad del "jefe" del partido ante quienes se pliegan todos aquellos que quieren ocupar algún cargo en la organización.

Ante esta realidad decepcionante, es más urgente que nunca "repensar" la democracia: no sólo se debe exigir unos códigos de conducta, que se dan por supuestos, sino que es exigible de los ciudadanos dedicados a la cosa pública, una Ética y unos valores de libertad y de democracia que den sentido a una humanización de la realidad política y cívica de los pueblos.

Hoy comprobamos, al menos en ciertos países, que el espacio público no cumple ese objetivo. Los votos pues, se usan y se instrumentalizan en estas circunstancias para que unos cuantos que conforman esas clases dirigentes, conserven o mantengan, como sea, el poder; convirtiéndose así en una "Tiranía", pero no de la mayoría del pueblo, sino la Tiranía de una minoría de las clases dirigentes: desfigurando y vaciando de sentido el noble fin de la democracia que como decía Abraham Lincoln, "la Democracia es el gobierno del pueblo, por el pueblo y para el pueblo".

Si aceptamos que la Ética debe ser intrínseca a la democracia, es igualmente pertinente citar aquí al filósofo Aristóteles cuando dice en el libro VII de la Política, que para que esto sea así, "hay que educar al pueblo de acuerdo con el régimen, que todos descuidan, ya que de nada sirven las leyes más útiles, si los ciudadanos no son educados y entrenados en las virtudes cívicas y políticas del régimen democrático".

Por ello, el régimen democrático debe estar basado en la participación real de todos los ciudadanos en la vida pública y en la comunidad. Hecho este, que como venimos observando últimamente en la mayoría de los países, lo que se está produciendo precisamente, es el fenómeno contrario, es decir, una decepción y un alejamiento creciente cada vez más, de grandes capas de la población hacia los políticos y la vida pública en general, desengañados y frustrados, al constatar que su voto, su voluntad, es manipulada, tergiversada, y a veces pisoteada, por los mismos partidos políticos a los que entregan sus votos. Por tanto, pensamos que es necesario que la democracia sea repensada y perfeccionada con el fin de devolverle el sentido original para el que fue creada.

LOS POLÍTICOS

El escritor Benito Pérez Galdós, es uno de los escritores más relevantes de la literatura española de la llamada generación del 98. En su última etapa, llegó a ser diputado y ocupó un asiento en las Cortes Generales. De su breve estancia en la política, la describió como "un arte de triquiñuelas y de marrullerías que estaba muy lejos de ser un campo para lucir las supremas dotes de la inteligencia", y respecto de los políticos dijo "No sé qué tiene para la gente de este siglo el tal mando, que trastorna las cabezas más sólidas, da prestigio a los tontos, arrogancia a los débiles, al modesto audacia y al honrado desvergüenza". (Episodio nacional sobre Gerona).

Con semejante carta de presentación de muchos de los políticos, ¿alguien con un mínimo nivel de sensatez puede pensar que es razonable y juicioso que millones de ciudadanos y hasta un país entero, esté gobernado por un colectivo con tales credenciales? Pues al parecer sí; muchos lo creen, de hecho, son miles, millones de ciudadanos los que cada cuatro años ponen su juicio en un brete, escogiendo y votando al candidato o a los candidatos que menos reúnen aquellas cualidades que pedía Platón en su República cuando decía que "había que escoger a los ciudadanos más sabios, más virtuosos y mejor preparados para ocupar tan alta responsabilidad".

Para ocupar o desempeñar cualquier cargo de cierta responsabilidad en la vida social, económica, técnica o sanitaria de un país, es necesario acreditar unos estudios, una formación y una experiencia (título, diploma, licencia, doctorado) que por desgracia e incomprensiblemente no se exigen en la política. En la actualidad, la ley no exige ningunos estudios específicos para dedicarse a la política. Los requisitos actuales para poder participar en cualquier proceso electoral, bien sea en España o en muchos otros países tan solo se precisa: ser ciudadano del país en cuestión, tener una residencia mínima de 2 o 4 años en ese territorio, y ser mayor de 25 o 35 años según el cargo al que se aspire; si es local, provincial, o nacional. Sin ánimo de desprestigiar a priori la política o a la clase política, pues la función y el fin último de esta, es el de estar al servicio de los ciudadanos y mirar por el bien común, sí pensamos, que para desempeñar tan noble actividad se debería exigir a los aspirantes a tal ocupación, alguna de las cualificaciones mencionadas anteriormente, y una serie de competencias y cualidades que a nuestro juicio resumiríamos en cuatro:

- Competencias de Comunicación y oratoria, para las exposiciones y debates públicos.
- Negociación y tolerancia a las críticas.
- Competencias en Gestión del cambio y gestión del estrés.
- Honestidad y Ética pensando siempre antes en el bien común.

Por supuesto, que además de poseer estas competencias, los dedicados a la política deberían acreditar alguno de los títulos o cualificaciones mencionadas anteriormente preferiblemente en las materias más próximas al ejercicio de la política, como pueden ser un grado en ciencias políticas, o en ciencias económicas, o en sociología, o en derecho; sin excluir evidentemente, cualquier titulación más científica para los Ministerios más técnicos. Ya que como dice el profesor Christian Moreno, director del área Jurídica de la Universidad internacional de Valencia, la ausencia de los conocimientos y de las competencias necesarias para ejercer con maestría la función pública, sería como "querer dirigir una orquesta sin saber leer una partitura".

Y si lo intentamos, como desafortunadamente se hace, la melodía que vamos a escuchar, no va a ser, con toda seguridad, la melodía que el público ha elegido o ha votado. Solo hay que ver y observar el nivel de descontento y frustración que constatamos a diario en la calle, cuando oímos hablar de la política o de los políticos.

Como cualquier ciudadano, todos hemos seguido con curiosidad y estupefacción, por televisión o en los periódicos, los numerosos procesos de corrupción probados y sacados a la luz, sin contar, con los innumerables casos y episodios de probada incompetencia, gestionados regularmente por muchos funcionarios o dirigentes políticos, y que quedan en el olvido o cuya información llega de forma sesgada y parcial a la ciudadanía.

Estos hechos, darían para varias novelas de detectives o policíacas; aunque muchos de los procesos investigados a políticos que vemos en los juzgados de forma regular, ya son en sí mismos, verdaderas novelas de intriga y de investigación. No hay más que ver las extrañas compañías que observamos entre algunos policías de dudosa moralidad y ciertos políticos o jueces en el ejercicio de sus funciones, recabando información y conduciendo expedientes de la forma más torticera posible.

Frente a este panorama tan desolador de algunos gobiernos y de varios políticos y funcionarios, no es de extrañar, el sentimiento de frustración, de desaliento y de desapego con el que vivimos muchos ciudadanos en múltiples países; lo que ha provocado que cada vez más personas, en especial los más jóvenes, sigan alejándose, o se hayan apartado ya de la cosa pública, al comprobar cómo una pequeña élite de políticos y funcionarios, ya no les dan lo que le prometían y para lo que se han estado preparando con gran esfuerzo durante muchos años, y comprobar igualmente que las ideas y los ideales por los que ellos luchan, no se corresponden en absoluto, con las ideas y los valores que profesa la clase política dirigente a los que votaron.

Es, desde todo punto necesario, regenerar, renovar, y reinventar la política y la democracia en nuestras sociedades bajo el riesgo de que estas vayan desvaneciéndose y muriendo poco a poco, y de forma sutil, como dice el politólogo Steven Levitsky, profesor en Harward, en su último libro titulado, "Cómo mueren las democracias".

Más adelante, ampliaremos y trataremos con más detalle, todo lo referente a este asunto.

POPULISMOS Y NACIONALISMOS

El populismo, que deriva de la palabra latina "populus", quiere decir pueblo, y más recientemente, en el siglo XIX surgió un movimiento populista en Rusia, que fue su origen, donde el pueblo, se rebeló contra los Zares y su dominación durante siglos, harto de la opresión y la dominación con la que estos últimos, habían ejercido el poder sobre el pueblo desde la Edad Media.

Aunque este fue inicialmente, el primer movimiento político en la historia reciente, actualmente cuando hablamos de populismo, o de que tal o cual persona es un populista, nos estamos refiriendo a alguien o a un grupo, cuya mentalidad o creencia pretende dividir a la sociedad en dos grupos: por un lado, el pueblo, y por otro, la élite privilegiada; y aunque en numerosas ocasiones, este es el caso de muchos países, especialmente los más autoritarios y menos democráticos, afortunadamente, hemos de decir que en la actualidad, el 70% de los países en el mundo (especialmente occidental) poseen un régimen democrático, mientras que el 25% tienen un régimen autoritario (principalmente en Asia y África), y el 5% restante albergan un régimen híbrido, es decir, son democracias-autoritarias; lo cual demuestra, un progreso notable de la expansión de la democracia en el mundo desde 1975, según IDEA, Instituto internacional para el desarrollo de la democracia.

A pesar de esta evolución positiva de la democracia, en algunos países del mundo, estamos asistiendo en los últimos tiempos a una regresión, y yo diría, casi a una involución de la misma, con distintos gobiernos, tanto en Occidente como en Oriente. A nuestro juicio, esto, tiene mucho que ver con la dificultad creciente que están teniendo las democracias más asentadas, para alcanzar y consolidar un desarrollo social y económico más equitativo y sostenible. Lo que está ocurriendo desde finales del siglo pasado y los inicios de este, es que la creciente desigualdad que se está produciendo en amplias capas de la población, entre los más ricos y los más pobres, especialmente en los países más desarrollados como Estados Unidos e Inglaterra, constituye una seria amenaza y un peligro, no sólo para el sistema económico capitalista, sino, principalmente para nuestras democracias; según un último informe del IEF, instituto de estudios fiscales.

En realidad, esto tiene mucho que ver con la creciente brecha salarial, que viene produciéndose entre los asalariados y los ejecutivos, los cuadros altos y los más ricos de la sociedad; pues mientras los primeros, han visto cómo sus ingresos están estancados o incluso han bajado desde hace tiempo, los ingresos de los más ricos no han hecho más que aumentar y seguir creciendo desde mediados del siglo pasado; así, mientras que el sueldo de un ejecutivo en 1975 era 20 veces más que el de un trabajador normal, en 1998, de 40 veces más, en 2020 ya representa 190 veces más que el salario del mismo trabajador. Esta "divergencia" que ya señalábamos en el segundo capítulo cuando hablamos de las desigualdades, no ha hecho más que acrecentarse, impulsada, de un lado, por ese mecanismo "perverso", que es intrínseco al sistema capitalista, y de otro lado, por la revolución tecnológica, que cual tsunami demoledor, va dejando de forma inexorable a un lado y fuera del sistema, a una porción cada vez más grande de la población.

Ante estas nuevas circunstancias, no es extraño, por tanto, ver, cómo cada día el populismo y los nacionalismos están creciendo, cada vez más, como si de hongos se tratara, en múltiples países y en distintas áreas del mundo. En el fondo, a lo que estamos asistiendo es a un fenómeno que no es nuevo y que es consustancial al ser humano desde los orígenes de los tiempos, y es, al rechazo y a la rebelión por parte del pueblo, contra el poder opresor y la injusticia.

Tanto si miramos hacia occidente como hacia oriente, observamos cómo alternativamente en los últimos tiempos, van surgiendo de forma intermitente, nuevos gobiernos autoritarios, que previamente y durante décadas, han sido democracias bien asentadas y consolidadas, y cabe preguntarse entonces, por qué se está produciendo este sorprendente cambio.

Tenemos varios ejemplos de lo que acabamos de afirmar; no hay más que hacer un rápido repaso geográfico alrededor del mundo, para constatar, cómo países que registran más de medio siglo de democracia, han virado hacia un régimen autócrata, y en algunos casos incluso, se han convertido claramente en una dictadura.

Pensamos concretamente en países como Venezuela, que durante décadas fue una de las democracias más estables y consolidadas de América del Sur; o Chile que pasó igualmente de una democracia a un régimen de dictadura con el golpe militar del general Pinochet; o incluso Argentina durante el gobierno del general Perón. Si miramos a Europa, podemos preguntarnos qué ha ocurrido en Hungría que se ha convertido en un régimen híbrido entre democracia y dictadura, siendo esta última versión la que prevalece con su presidente Viktor Orban; o igualmente, si miramos a un país como Polonia, con otro régimen híbrido, donde el partido oficialista Ley y Justicia con su presidente al frente, actúan de hecho, como lo más parecido a una dictadura… y si nos vamos a Asia, encontramos en primer lugar a China, o Rusia, o Arabia Saudí, o incluso Tailandia, cuyos regímenes especiales ejercen, de facto, unos como autocracias, y otros como verdaderas dictaduras.

El auge que estamos observando en los últimos tiempos, de los regímenes autoritarios y de ciertos presidentes autócratas en varios países, pensamos que se debe a varios factores; pero hay uno que es el determinante, y es el deterioro de las condiciones económicas y sociales en amplias capas de la población, especialmente la perdida de "estatus" de la clase media en muchos países, de la que hablamos anteriormente; que harta de soportar las malas condiciones de vida, tal como ha ocurrido repetidas veces en la historia, se rebelan contra el poder establecido y buscan un "salva patrias", esto es, un nuevo dirigente con las dotes adecuadas, que en su mayoría son personajes habilidosos y sagaces, los cuales poseen un gran poder de convicción y usan la demagogia como arma usual para atraer y retener las voluntades del pueblo, llegando a convencer a este último, que ellos son los únicos que comprenden y aman al pueblo y entienden sus necesidades, y al poseer en su mayoría, unas grandes dotes de oratoria y persuasión, les prometen un mañana mejor y más feliz.

La historia está llena de ejemplos de lo que acabamos de decir. Rusia y sus ciudadanos se las prometían muy felices, una vez acabada la revolución bolchevique de 1917 con la deposición del Zar; todos sabemos cómo acabó la Unión Soviética, pocos años después, convertida en una de las dictaduras (¡del proletariado!) más duras y crueles de la historia. En la Alemania de los años 30 del siglo pasado, y aunque las causas fueran diferentes, y por supuesto, no son comparables con lo ocurrido en Rusia, surgió un personaje con grandes dotes de convicción, Adolf Hitler quien supo aprovechar oportunamente, la debilidad de los otros partidos políticos y sobre todo la frustración y la desesperación del pueblo alemán, para alzarse con la presidencia del país, prometiendo a todos los alemanes un mañana repleto de bienestar y felicidad.

Algo similar ocurrió en Italia, con el camarada Mussolini, que se alzó con el poder, viendo la debilidad del rey Victor Manuel III, incapaz de conformar un gobierno estable, y conocedor de la desesperación del pueblo italiano, asaltó y se hizo con el poder, con la valiosa ayuda de su guardia de corps, las camisas negras, prometiendo de igual modo un futuro mejor para todos los italianos.

El argumento principal del discurso populista es la llamada al nacionalismo, es la exaltación del sentimiento nacionalista y de la palabra Nación en amplias capas de la población, generalmente las más desfavorecidas, pues el populismo necesita siempre encontrar un "enemigo", ya sea real o ficticio, para sustentar su discurso y alentar a las masas.

De este modo, los enemigos de la Nación pueden ser, los inmigrantes, las grandes corporaciones industriales, las crisis económicas, o incluso la tecnología, y por supuesto, las privilegiadas élites políticas y sociales que se aprovechan del pueblo. Cada uno de estos elementos representa un peligro para el pueblo, y por lo tanto, hay que combatirlos, apelando a los sentimientos más íntimos y a los valores más respetados de los ciudadanos, con el fin de movilizarlos y así adherirlos a la causa del líder nacionalista-populista.

En el fondo, todos los personajes autócratas poseen las mismas características: son personas con un gran ego, creen firmemente que tienen una misión que cumplir en la historia que solo ellos pueden llevar a cabo, y sobre todo, dicen ser los amantes del pueblo y los que mejor lo comprenden. Para ello, no dudan en utilizar todos los medios legales e ilegales y las mejores estrategias a su alcance, para conseguir su objetivo real, que es, la toma del poder.

PERFECCIONAR LA DEMOCRACIA

David Hume, el famoso filósofo escocés, escribió en 1739 "El origen del Gobierno civil" y en él dice, que "los hombres no son capaces de curar esa estrechez del alma, que les hace preferir lo presente a lo remoto". Pensaba así, que la política y los políticos servirían para apaciguar y encauzar los deseos egoístas e impulsivos de los políticos y fomentar de este modo, los intereses y el bienestar de la sociedad a largo plazo.

Si echamos un vistazo a lo que ocurre y a cómo se desenvuelven la mayoría de las democracias hoy en día, hemos de reconocer, que ese panorama idílico descrito por el filósofo, está bastante lejos de la realidad en la que transcurren nuestras vidas. La mayoría de los políticos y de los partidos políticos en nuestras democracias, si hay algo que los distingue es el "cortoplacismo", es decir, el no mirar y gobernar más allá de las próximas elecciones, preocupados como andan ellos, en conservar y no perder sus privilegiados puestos y sus beneficiosas condiciones sociales en general. Como diría el ex-eurodiputado Sosa Wagner en su último libro "Panfleto contra la trapacería política", en realidad, "La democracia es adúltera, porque ha engañado al pueblo"; es como estar asistiendo a una función, en la que se le escamotea la realidad al pueblo, pero, sin embargo, este, está obligado a aplaudir para no quedar en evidencia.

A nuestro juicio, la regresión y la involución que muestra la Democracia actual tiene dos causas principales: por un lado, el cortoplacismo del que hablamos al no ser capaces los políticos, de mirar y gobernar más allá de su corto período de vida política y pensar y legislar para las generaciones futuras; y por otro, el gran crecimiento de la desigualdad en muchas partes del mundo, donde observamos que la clase media, se ha degradado de tal forma, que ha perdido gran parte de sus condiciones económicas y de su influencia en la sociedad, hasta tal punto, que hoy representa un grave peligro para la estabilidad de la democracia y los Gobiernos de muchos países.

Como ejemplo, en Estados Unidos, la clase media ha pasado de representar el 70 por ciento de la riqueza en 1980, a suponer en la actualidad, únicamente el 40 por ciento; en 2021, después de la gran pandemia, se ha producido un nuevo fenómeno hasta ahora desconocido, llamado "The great Resignation", léase, "La gran Dimisión", en la que más de 40 millones de trabajadores americanos no volvieron al trabajo, una vez que acabó la pandemia, como comentamos anteriormente.

Acontecimientos como estos, que tienen una gran significancia, nos están diciendo que los ciudadanos, el pueblo en general, está empezando a estar harto del sistema y de la política, tal como está gestionada hoy; lo que están demostrando fenómenos como el que enumeramos, o la misma Pandemia, es la gran incapacidad de los Gobiernos para gestionar y proporcionar a la mayoría de los ciudadanos unas condiciones de bienestar social y de seguridad que la población creía tener ganados y consolidados, y que sin embargo, en los últimos decenios se han perdido y no se vislumbra un futuro claro.

Estados Unidos que es la primera democracia moderna, está viendo y constatando cómo su admirada democracia, que lo fue hasta ahora, se está degradando y discurriendo por unos peligrosos linderos, que de no ser por sus fuertes protectores o guardianes, como son la propia Constitución, el Tribunal Supremo y el Senado, podría haber descarrilado en los últimos tiempos; solo hay que ver, el último presidente que tuvieron, Donald Trump, quien encendió todas las alarmas del sistema democrático, poniendo varias veces en serias dificultades de supervivencia la propia democracia norteamericana, como pudimos ver con el asalto al Congreso promovido por él mismo, y por las bases de su partido.

La deriva y la degradación que muestran estos acontecimientos sobre la democracia actual, pueden deberse a varias razones; pero a nuestro juicio, y como ya avanzamos previamente, la causa principal es el aumento de la desigualdad en varias partes del mundo, que provoca una pérdida de estatus y una rebaja general del nivel de vida y del bienestar y de las condiciones sociales, en millones de ciudadanos, lo que genera un sentimiento de frustración y resentimiento, que los políticos demagogos y autócratas, saben muy bien como encauzar; de ahí, el aumento de los populismos y los nacionalismos que estamos viendo en varias partes del mundo últimamente.

La democracia es un trabajo extenuante; su ejercicio exige negociación, compromiso y concesiones constantemente; y es precisamente en épocas de crisis y de tiempos inciertos y turbulentos, cuando ese ejercicio se hace más arduo. Por eso, la deriva democrática que estamos observando en muchos gobiernos en distintos países, está convirtiendo poco a poco en gobiernos autocráticos, lo que antes eran gobiernos democráticos. En su último libro, "cómo mueren las democracias", el profesor Steven Levitsky de la escuela de Harvard, dice que hoy día, las democracias ya no mueren por un golpe de Estado, o por una revolución o por cualquier otro acontecimiento violento; sino que estas, van languideciendo y muriendo poco a poco por la llegada al poder de algunas personas con ciertos rasgos y tendencias autocráticas. Estos personajes saben comprender y llevar mejor que nadie al pueblo donde ellos quieren, especialmente en épocas difíciles y en momentos de crisis. (Véase, Erdogan, Maduro, Ortega, Orban...etc).

La estrategia que emplean estos políticos sigue un plan perfectamente diseñado cuyo fin no es otro que el hacerse con el poder o incluso, perpetuarse en el mismo. Para ello, empiezan a rodearse de gente fiel y de un equipo a su medida, pues no les gusta demasiado perder el tiempo en debates y discusiones inútiles, según ellos, y para eso van colocando en los puestos clave de las instituciones, llámese, la Fiscalía, el Senado, u otros puestos del ejecutivo, a personas afines, con el fin de que no estorben demasiado y faciliten la tarea y las decisiones de estos gobernantes.

Cuando la democracia es tomada por alguno de estos políticos autócratas, empieza a erosionarse y a degradarse, ya que estos gobernantes lo primero que hacen es considerar a los políticos de los otros partidos como enemigos, al igual que a la prensa. En realidad, niegan la legitimidad de los adversarios políticos, (son corruptos o incompetentes, "fake news" etc... dicen); a continuación, rechazan las reglas democráticas del juego y comienzan a legislar mediante "Decretos-Ley", pues son alérgicos a ir a debatir al Parlamento o al Senado; además tienen tendencia a suprimir las libertades civiles de la oposición y de los medios de comunicación; finalmente, y en algunos casos, fomentan la violencia, mediante la represión o el encarcelamiento a cualquier tipo de oposición y puntualmente, asaltan el Congreso.

Cuando Montesquieu publicó su tratado "El espíritu de las Leyes" en 1748, ya quiso dejar bien claro, que para que el poder Ejecutivo no se desviara o desmadrara periódicamente, era necesario establecer un poder Legislativo y un poder Judicial en igual grado que el Ejecutivo, para controlar y sujetar a los gobernantes, que, de forma recurrente, tuviesen la tentación de salirse de los raíles y de conculcar arbitrariamente las normas y las reglas de la democracia, a su favor.

Si la mayor democracia del mundo como es la de los de Estados Unidos ha permanecido prácticamente indemne y ha sabido resistir los muchos embates habidos contra ella, desde su fundación hace más de doscientos años, es debido, por un lado, a que tienen una gran Constitución; de hecho, muchos países la han copiado; y por otro, a que sus políticos salvo raras excepciones, han basado el juego democrático y el ejercicio del poder en dos reglas no escritas, pero fundamentales, para el ejercicio de la democracia, a saber: la tolerancia mutua, y la contención institucional; tal como apunta el profesor Levitsky. La tolerancia mutua quiere decir, el ver al contrario o al opositor de otro partido político, como un leal competidor dentro del juego democrático y no como un enemigo contra el que hay que estar permanentemente en guerra, que es precisamente lo que hacen los autócratas; y por otro lado, la contención institucional, que significa, eludir y restringir cualquier tentación no democrática de modificar las leyes o el ordenamiento judicial en favor propio y al margen del resto de las fuerzas políticas. Así, la mayoría de las órdenes y disposiciones ejecutivas o legislativas deben siempre llevarse a debatir en el Congreso o en el Senado, y no gobernar, como hacen algunos presidentes de gobierno, mediante Decretos-Ley o leyes exprés.

No es fácil encontrar una solución para esta creciente degradación y polarización de la vida política en muchas partes del mundo; tal vez, si los políticos empezaran a emplear con más regularidad las dos reglas que mencionamos anteriormente de la tolerancia mutua y la de la contención institucional, las cosas y el ambiente de la política en general, empezaría a suavizarse y entrar en una fase más sensata y productiva, y por lo tanto, más beneficiosa para los ciudadanos. Para ello, sería conveniente también, buscar el mayor consenso entre los distintos partidos, mediante coaliciones y colaboraciones regulares o puntuales sobre los asuntos más importantes y trascendentes que atañen al país y a sus ciudadanos. No es posible prolongar indefinidamente este ambiente de crispación y polarización que observamos entre muchos partidos políticos y sus dirigentes.

Habría que pensar igualmente, en ir tomando algunas medidas concretas, como la eliminación de las listas cerradas en las elecciones, celebrar primarias abiertas para que los partidos políticos no fueran esos cotos cerrados que vemos hoy día, al dictado del ordeno y mando del jefe o del dirigente; habría que ensayar alguna fórmula para desterrar el absentismo en las elecciones, con algún tipo de norma restrictiva para aquellos que no usen su deber de voto..., establecer los controles necesarios para erradicar por completo cualquier indicio de fraude electoral, que distorsione la verdadera intención del voto de los electores y que desvíe de algún modo la voluntad real del pueblo. Finalmente, los dirigentes políticos y en especial los responsables de las áreas económicas y sociales, deberían emplearse a fondo, para establecer políticas efectivas que reduzcan y en su caso, eliminen en lo posible, la desigualdad entre los ciudadanos, que, a nuestro juicio, es el principal problema y que alimenta el resentimiento y la polarización hacia la clase política y hacia la política en general.

CAPÍTULO CUATRO

EL SISTEMA FINANCIERO

> *"Es bueno que la gente no conozca el sistema bancario y monetario, si no, habría una revolución mañana por la mañana"*
> *(Henry Ford)*

El sistema financiero se ha venido comparando con frecuencia con el sistema circulatorio sanguíneo del cuerpo humano. La verdad es que guardando las distancias, existe un paralelismo muy cercano entre ambos sistemas. El sistema circulatorio del cuerpo humano está formado principalmente por dos vías, que son las arterias y las venas. Por las arterias, circula la sangre "buena", que recorre todo el cuerpo y todos sus órganos y que suministra los nutrientes y el oxígeno necesarios para el correcto funcionamiento de estos; y por las venas, corren todos los desechos y los elementos tóxicos, la sangre "mala", que pudieran perjudicar y dañar al cuerpo y sus órganos.

El sistema financiero funciona de forma análoga, al proveer al cuerpo económico formado por las empresas, las instituciones, y los ciudadanos, los recursos monetarios necesarios para su buen funcionamiento y mantenimiento, igualmente. Por otra parte, también descarga por sus cañerías, todos los elementos tóxicos como los (derivados, morosidad, dinero negro, especulación, participaciones preferentes etc...), que pudieran igualmente dañar el sistema u ocasionalmente paralizarlo, como ya se vio en la anterior crisis financiera del año 2008. La gran diferencia entre los dos sistemas está, en que mientras en el sistema circulatorio sanguíneo, las dos sangres, la buena y la mala, nunca se mezclan; en el sistema financiero, por desgracia, las dos sangres se mezclan con frecuencia, dando lugar de forma regular y periódica, a grandes crisis y colapsos y a acontecimientos sumamente graves y perjudiciales para la economía mundial y para sus ciudadanos, dañando y sumiendo la economía y las finanzas globales en un estado postración y depresión, como todos hemos visto en las diversas crisis financieras ocurridas en la historia reciente.

Los bancos, las compañías financieras, la bolsa, los fondos de inversión, las gestoras de fondos, los paraísos fiscales y las sociedades financieras, conforman el cuerpo de lo que llamamos el sistema financiero. Los bancos (tanto los Bancos Centrales, como los bancos privados), son los principales proveedores de recursos monetarios del sistema financiero, junto con algunas instituciones como el FMI y el Banco mundial. Dentro de los bancos existen dos grandes categorías: unos son la banca comercial (que dan préstamos y créditos a los distintos agentes económicos), y otro grupo está formado por la banca de inversión; aunque a veces, uno y otro actúan en ambos lados; es decir, la banca comercial también tiene su división de banca de inversión, y la banca de inversión, también posee su división comercial.

Es importante remarcar esta división dentro de los bancos, pues gran parte de los graves problemas acaecidos en la economía y en las finanzas, se han debido generalmente a la banca de inversión por sus gigantescas y arriesgadas inversiones especulativas; aunque la banca comercial también tiene su parte de responsabilidad cuando ha dado sin un criterio serio, créditos, hipotecas, y préstamos a empresas o ciudadanos de dudosa solvencia, o cuando ha fabricado productos de dudosa legalidad para venderlos a sus clientes. A continuación, explicaremos por qué.

LA BANCA COMERCIAL

La constituyen la mayor parte del sistema bancario con sus oficinas centrales y su inmensa red de sucursales a lo largo del territorio. El cometido principal de la banca comercial es la de engrasar el tejido económico y social de un país para que este funcione correctamente, mediante la concesión de préstamos y créditos de todo tipo según las necesidades de los ciudadanos y de las empresas; esto lo consigue con el buen manejo de los depósitos realizados por otros ciudadanos y con préstamos y créditos que los bancos obtienen de otros bancos y de los bancos centrales. Hasta aquí, la función económica y social de los bancos queda plenamente justificada.

El problema, o mejor dicho, los problemas comienzan, cuando los bancos con el fin de ganar más dinero y obtener mayores beneficios, se internan en la construcción de operaciones, de valores, y de activos de toda clase, para negociarlos posteriormente entre todos sus clientes. Nos referimos con esto, a aquellos productos que los bancos han vendido a numerosos clientes con la promesa de obtener mayores beneficios para los compradores, o que se trataba de productos excelentes por su mayor rentabilidad y por supuesto, mejores que los depósitos corrientes o la compra de títulos del Estado, como las Letras o los Bonos del Tesoro.

Entre los más destacados están, los Fondos de inversión en renta fija o variable, las famosas participaciones Preferentes, comercializadas principalmente por varias Cajas de Ahorro, los planes de pensiones, las Obligaciones y los Bonos de todo tipo, las distintas Pólizas de seguros... etc.

La mayoría todavía recordamos los diversos escándalos protagonizados por varias de estas entidades bancarias de forma recurrente en épocas recientes por la gestión y venta de estos productos a miles de ciudadanos, que llegaron a requerir la intervención de las autoridades económicas, frente a estas prácticas de dudosa legalidad y ante el clamor, la indignación y la frustración de muchas personas que vieron su dinero y sus ahorros esfumarse de un día para otro como si de papel sin ningún valor se tratara. Especialmente extendido y clamoroso fue el de las conocidas "Participaciones Preferentes", comercializadas por una Caja de ahorros bien conocida.

Por otra parte, siempre fue un misterio inescrutable para mí, ver cómo la mayoría de estos bancos, después de registrar pérdidas en un año malo, al año siguiente declaran miles de millones de beneficios, sin ningún rubor. Alguien o alguna autoridad, algún día deberá explicar a la ciudadanía cómo se consigue esto, cuando en el caso de cualquier empresa o negocio normal le llevaría varios años revertir esa misma situación, es decir, volver a tener beneficios después de haber sufrido unas cuantiosas pérdidas. Sin duda, debe tratarse de lo que comúnmente llamamos ingeniería financiera o, los misterios de la banca.

Con un ejemplo figurado pero basado en la realidad podemos contar cómo actúan los bancos cuando un ciudadano va a pedir un préstamo a un banco; este sería más o menos el escenario: "buenos días" dice el empleado bancario al solicitante del crédito; "buenos días, vengo a solicitar un préstamo" responde el solicitante; "¿para qué sería el préstamo?" pregunta el empleado; "para comprar un piso" responde el ciudadano... para simplificar el diálogo entre el empleado del banco y la persona que pide el préstamo, llamaremos EB al empleado del banco, y CS (ciudadano solicitante), a la persona que pide el crédito; el resto de la conversación transcurriría más o menos de esta forma:

EB: ¿Tiene Ud. nómina?

CS: no, no tengo nómina, soy autónomo.

EB: ah!, entonces tiene Ud. que traer la siguiente documentación: "declaración de la renta de los tres últimos años, certificado de solvencia de no tener deudas pendientes, certificado de matrimonio o de separación, certificado médico, certificado de la Seguridad Social y de Hacienda, contrato de alquiler del local o de propiedad en su caso, certificado del padrón del Ayuntamiento, certificado de buena conducta, certificado de no haber padecido ninguna enfermedad grave en los últimos 5 años"...etc...etc...

EB: Ud. sabe que este préstamo tiene un interés del 5%, más una comisión de apertura, más una comisión de negociación, más los gastos del registro, más...etc...; los intereses de mora son el 18%, aunque pueden convertirse en un 28% dependiendo del atraso, según lo considere el banco...

CS: abrumado ante tantos requisitos y tanto papeleo, se toma un tiempo de reflexión y responde al empleado del banco "gracias, voy a pensarlo"... y discretamente se desliza hasta la puerta del banco, sintiendo un gran alivio al volver a respirar el aire fresco de la calle, balanceando la cabeza, como si saliera de un examen a una oposición de funcionario, y diciéndose para sí, "¿para qué querrán tantos papeles, si tienen el piso como garantía y no me darán más del 60 por ciento del valor del piso?"... pensativo y cabizbajo, el solicitante decide después de unos días abortar la operación y continuar con su vida y su negocio, olvidándose por un tiempo, del tema del piso.

El ejemplo que acabamos de relatar es solo uno entre docenas de ellos, pero refleja de una forma bastante acorde con la realidad, el calvario y el mal trago que deben soportar muchos ciudadanos cuando van a solicitar un crédito a un banco. Por supuesto, no intentamos decir que solicitar un préstamo a una entidad financiera sea un mero trámite, como el que va a comprar el pan a diario, ciertamente se trata de algo serio; pero sí que demuestra, este tipo de situaciones, cómo actúan los bancos y cual es su proceder en su actividad y en su relación con los clientes; cualquiera que haya pasado por una situación similar se verá bastante reflejado en el ejemplo que acabamos de contar.

La situación es bien diferente cuando es el banco quien tiene que pedirnos, mejor, vendernos, cualquiera de los productos que periódicamente sacan a la venta: llámense, cédulas preferentes, obligaciones especiales, bonos convertibles, planes de pensiones, participaciones de caja, seguros de todo tipo...etc. En estos casos, suenan los cantos de sirena que tan bien dominan, para convencer al escéptico cliente, de las bondades y las grandes rentabilidades que obtendrán con dichos productos. Todos hemos visto en los últimos años, cómo las excelentes rentabilidades que el banco les prometía se han transformado en unas pérdidas desastrosas, provocando un gran dolor y una enorme desgracia a miles de ciudadanos, especialmente mayores, que un día se dejaron embaucar por el banco.

LA BANCA DE INVERSIÓN

Los bancos llamados de inversión son entidades que se dedican principalmente a las operaciones corporativas como son las fusiones y agrupaciones de empresas, las ofertas públicas de acciones (OPAS), las inversiones en fondos de inversión, las operaciones en la bolsa, la compra venta de acciones y otros valores, como son los derivados, también llamados futuros, la compra venta de divisas (Forex) etc...

Entre los bancos de inversión más conocidos a nivel mundial, destacan: Merrill Lynch, Goldman Sachs, JPMorgan, UBS, Barclays, Morgan Stanley… Por otra parte, están las Gestoras de los fondos de inversión como Blackrock y Vanguard que, junto con otros fondos de inversión, gestionan el equivalente a 90 billones de dólares de activos en el mundo. Finalmente, están los Fondos Soberanos que pertenecen a distintos Estados, como el fondo soberano de Noruega, o el fondo soberano de Qatar.

El volumen y la relevancia de las operaciones que estos bancos llevan a cabo casi a diario, es tan importante, que en ciertos casos pueden llegar a desestabilizar la economía de un país o incluso, la economía mundial, como ya sucedió en la gran crisis financiera del año 2008, de tan infausto recuerdo, para millones de ciudadanos y empresas en todo el mundo.

Las operaciones de estos bancos se parece mucho al ejemplo que dimos anteriormente; actúan como verdaderas aves rapaces a la captura de cualquier víctima débil e incluso cuando sus víctimas gozan de buena salud, empresas, particulares o valores; despliegan toda su estrategia para debilitarlas, como es el caso cuando "compran en corto" (es decir a la baja), cualquier valor de la bolsa con el fin de hacerlo bajar aún más, para más tarde venderlo cuando sube; es decir, actuar por pura especulación con el fin de obtener un beneficio sin importarles el sujeto.

Estos bancos invierten en valores llamados "futuros" que, en realidad, son derivados de un producto físico, (llámese trigo, arroz, oro, plata o cualquier otro bien, una acción, o un índice de bolsa). La finalidad es la misma que la que mencionamos con anterioridad, es decir, la especulación; mover el precio y el valor del producto sin comprar realmente dicho bien; en otras palabras, buscar un beneficio sobre un producto solo especulando con su precio, pero sin arriesgarse a comprar el producto. Este juego especulativo se da diariamente en la bolsa de Chicago y mueve miles de millones en una sola jornada afectando muchas veces a los precios reales de los productos y distorsionando, por tanto, su valor real; todos lo hemos visto en el caso de los precios del petróleo, por poner solo un ejemplo conocido.

Este grupo de bancos "juegan" diariamente en lo que se conoce como el mercado "Forex", es decir, el mercado donde se compran y se venden las divisas de los distintos países. Se calcula que este mercado mueve diariamente más de 6 billones de dólares; los actores que mueven este mercado son principalmente los bancos, aunque también hay inversores institucionales, agentes de bolsa y particulares. Este juego de compra-venta diario con las monedas de varios países es de nuevo, pura especulación; ya que las monedas son un mero medio de intercambio; sin embargo, en este caso, se convierten en un bien en sí mismas, como si de cualquier otro producto o mercancía se tratara. Este gran volumen de especulación tiene muchas veces sus consecuencias negativas en el valor de algunas monedas, poniendo en jaque su valor real, como también la economía del país al que representan.

Podríamos seguir con más ejemplos sobre este tema, que, en el fondo, no representa más que el ansia desmesurada de enriquecimiento y de obtener los mayores beneficios en el menor tiempo posible. El famoso inversor americano Warren Buffet, llegó a llamar en su día a la mayoría de estos productos financieros "armas de destrucción masiva", y realmente lo son, pues desfiguran, distorsionan y falsean el valor real de los productos, de los valores, de las monedas, y en definitiva de la economía en su conjunto. Por lo que los ciudadanos vivimos en una economía que es mezcla de realidad, de especulación y de fantasía, donde la economía financiera y la especulación tienen cada vez mayor importancia.

No es por casualidad que las sanciones y las multas a estos bancos que operan básicamente especulando, hayan crecido sensiblemente en los últimos tiempos, llegando alguno de ellos a recibir sanciones de las autoridades financieras por varios miles de millones de dólares, con el fin de pararles un poco los pies, como se dice coloquialmente.

PERVERSIÓN

Es la palabra que utiliza el economista Rafael Nagel, antiguo directivo del Deutsche Bank, para calificar la forma de operar de la banca de inversión, en su libro "Turbo capitalismo". En la realidad, lo que ha sucedido con la banca en los últimos cincuenta años es que esta se ha ido apartando poco a poco de su verdadero cometido, que es, el apoyar y dar crédito a las personas y las empresas para que estas puedan operar de forma regular en su tráfico cotidiano, y puedan emprender las inversiones necesarias para su crecimiento futuro.

Esto es precisamente lo que no ha hecho la banca de inversión; los bancos de inversión se han lanzado al ruedo de las finanzas como verdaderos "kamikazes" invirtiendo sin ningún criterio económico en numerosas ocasiones, en activos y valores de dudosa fiabilidad, con el único fin de obtener las mayores ganancias y pingües beneficios a costa del dinero y los ahorros de miles de ciudadanos y empresas. La banca de inversión se ha desvinculado por completo de la economía real y se ha convertido la mayoría de las veces en lo más parecido a un juego de la ruleta, completamente especulativo.

Los bancos no obtienen la mayoría de sus beneficios de prestar dinero, sino de las operaciones especulativas, de las comisiones de todo tipo, y de las tarjetas de crédito. Por otra parte, es indecente, la forma que tienen de promover el crédito especialmente en los productos de consumo, particularmente entre los jóvenes, invitándoles a comprar el último teléfono móvil, la última "tablet", el último ordenador portátil, o la última "play station", etc... Todos sabemos, que los jóvenes, especialmente aquellos que no tienen un trabajo o unos ahorros, están bombardeados literalmente cada día y a todas horas, para que no dejen de comprar y demandar la última novedad de estos productos, sino quieren quedarse atrás y verse desvinculados de su grupo o ser tachados de atrasados y cavernarios, por no disponer de la más reciente versión del dispositivo tecnológico.

Esto provoca con frecuencia fricciones y enfrentamientos en el interior de muchas familias y amigos que podrían evitarse con un control más estricto, por edades, por ejemplo; aunque para eso ya se encarga la banca de estar muy alerta, de manera que el fuego del "consumismo" siga vivo cueste lo que cueste.

LA CRISIS DE 2008

Pero vayamos por partes. ¿Sabe Vd., cómo se gestó la gran recesión de 2008?... si Vd. entra en Internet, puede encontrar información más que suficiente sobre el tema; pero se la resumiré brevemente para ahorrarle tiempo, ya que no siempre es fácil de entender, incluso para expertos, cómo operan ciertos bancos y algunas agencias financieras, dentro del grupo de la banca de inversión.

Corría el mes de septiembre de 2008 cuando se produjo uno de los más grandes terremotos que hizo temblar la economía mundial. El 15 de septiembre de 2008 quebró el cuarto mayor banco de Estados Unidos: el banco Lehman Brothers. Este hecho, provocó una onda expansiva de tal magnitud que se propagó rápidamente por todo el mundo; no solo afectó a los demás bancos o al sistema financiero en general, sino, que como una gran mancha de aceite cubrió la economía mundial, y en pocas semanas, todo el sistema económico se paralizó y se vio cubierto por esa gran nube tóxica. Los bancos, las empresas, las personas y hasta los Gobiernos estaban en shock; el motor del sistema capitalista se había parado.

¿Qué había ocurrido? En realidad, el motor de la economía, como el motor de cualquier máquina o de cualquier coche no se para de repente porque sí, sin una causa aparente; la realidad, es que los bancos de inversión, en su afán de obtener mayores beneficios venían engrosando sus balances con la concesión de créditos de gran riesgo y de dudoso cobro durante años, concediendo préstamos a miles de ciudadanos de dudosa solvencia, con el fin de aumentar sus ganancias, ya que todo el mundo sabe que un crédito de riesgo alto se da con intereses más elevados que un crédito normal. Esto fue lo que se conoce como las "hipotecas basura"; es decir, créditos otorgados a ciudadanos de poca solvencia pero que eran altamente rentables por los altos intereses que se cobraban.

Cuando muchos ciudadanos empezaron a tener problemas al perder su empleo, o debido a las altas cuotas que suponían (en muchos casos, más del 50% de los ingresos), los vencimientos mensuales de sus hipotecas, empezaron a dejar de pagar; muchos bancos que habían dado este tipo de créditos empezaron a tener dificultades y falta de liquidez, lo que los llevó al colapso.

Al tener conocimiento la Administración de lo que estaba ocurriendo y presagiando que el sistema podría entrar en pánico, la mayoría de los Gobiernos implementaron una serie de medidas para intentar solventar la situación. ¡El caso era grave! En unos meses el PIB mundial cayó un 6%, miles de empresas tuvieron que cerrar al no poder obtener créditos para sus operaciones corrientes, como consecuencia, el paro subió hasta niveles nunca vistos, (25% en países como España o Grecia), el consumo y el gasto de las familias se vino abajo; al haber cada vez menos demanda, muchas empresas seguían cerrando y mandando a sus trabajadores al paro y así sucesivamente… hasta que la economía entró en una fase de recesión o mejor dicho en una depresión de grandes proporciones.

Ese fue el triste final al que se vieron abocados muchos países y sus ciudadanos, provocado por la avaricia, el afán de lucro y la falta de ética de un grupo de bancos encabezados por el banco Lehman Brothers, al que siguieron otros más como Bear Stearns, UBS, Merrill Lynch...etc, ya que estos bancos, no contentos con haberse aprovechado de la debilidad de millones de trabajadores, se estafaron entre ellos mismos; es decir entre los mismos bancos, al venderse unos a otros, estas hipotecas "empaquetadas" como activos de alta rentabilidad. Cuando se descubrió el "pastel", empezaron a echarse piedras y reproches unos a otros, contaminando al conjunto del sistema económico y financiero, con las terribles consecuencias que hemos relatado; teniendo que ser rescatadas finalmente por el Estado, bajo el riesgo de hacer quebrar el sistema financiero global. Evidentemente, el desaguisado lo tendremos que pagar todos los ciudadanos bajo la fórmula de mayores impuestos.

Este es, probablemente el ejemplo paradigmático de lo que en el título del libro hemos venido a llamar "Un sistema indecente".

FONDOS DE INVERSIÓN Y GESTORAS DE FONDOS

Este grupo de sociedades de inversión, aunque no se dediquen todas a lo mismo, quiero decir, a los mismos sectores; su finalidad sí que es idéntica, esto es, canalizar el inmenso flujo de capitales y la gran bolsa de ahorro que existe en el mundo, con el fin de obtener los mayores rendimientos y las mejores tasas de interés para sus empresas y para sus clientes.

Para hacerse una idea, todas estas empresas en conjunto facturaron en 2020 la vertiginosa cantidad de 115 Billones de dólares, es decir, un 20 por ciento más que toda la producción mundial; el PIB mundial se estima en unos 95 billones de dólares, según la consultora McKinsey. Sin olvidarnos de las famosas "Private Equity Firms" o firmas de inversión, que se dedican a manejar e invertir y negociar los grandes activos de grupos empresariales y de instituciones, así como las Family Office, estas últimas, especializadas en la gestión de fortunas y capitales privados y familiares. Por último, están los conocidos "hedge funds" o fondos de alto riesgo, centrados más en productos y vehículos de inversión muy volátiles como los productos derivados, los estructurados y los swaps que fueron los que estuvieron en el origen de la última gran crisis financiera de 2008. Estos fondos manejan activos por 4 billones de dólares, que es el equivalente al PIB de un país como Alemania en el año 2020 han conseguido beneficios para sus clientes del orden de 65.000 millones de dólares, según la firma LCH Investments.

Con las cifras mencionadas anteriormente podemos hacernos una idea de los volúmenes y las inmensas cantidades de dinero que mueven estas firmas entre las que encontramos los mayores fondos de inversión y las gestoras de estos fondos. Algunas de las más conocidas son Black Rock con un volumen de activos de 7,5 billones de dólares, The Vanguard Group con 6,2 billones, UBS con 3,5 billones, Fidelity etc... entre las más destacadas. En cuanto a las firmas de inversión, destacan: KKR & Co. con 252 mil millones gestionados, Blackstone con 112 mil millones, The Carlyle Group que gestiona 137 mil millones de dólares.

Estas grandes firmas detentan tal poder que pueden hacer cambiar la dirección de los vientos de la economía mundial en cualquier momento, como ya hemos comprobado varias veces en los últimos tiempos. Ellas manejan el ahorro y el capital de grandes empresas como General Motors o de la aseguradora Prudential, o aún los fondos de pensiones de muchas grandes compañías multinacionales, así como los de algunos Gobiernos.

Desafortunadamente, una buena parte de esta inmensa bolsa de dinero no se invierte en el desarrollo sostenible de la economía, o en la mejora del cambio climático o en reducir en lo posible la gran desigualdad en el mundo, problema este, que ha sido declarado recientemente como el mayor problema al que se enfrenta la humanidad en las próximas décadas por el antiguo director del Fondo Monetario Internacional, el Sr. Olivier Blanchard. Estos fondos se invierten prioritariamente en aquellos sectores y en aquellas empresas que proporcionen la mayor rentabilidad, primando el criterio de mayor beneficio sobre otros valores más importantes y acuciantes para la sociedad en su conjunto, como son el bienestar social, la reducción de la desigualdad, o la reversión del cambio climático. Aunque, algo parece que se mueve últimamente cuando firmas como Allianz o Credit Agricole e incluso la gestora Blackrock han destinado algunas cantidades a constituir varios fondos diseñados bajo principios de gestión medioambientales, sociales y de buen gobierno, ya que como dice el propio Larry Fink, CEO de Blackrock, "el sistema capitalista no sobrevivirá si pretende únicamente llenar los bolsillos de los accionistas".

FINANCIEROS, PRESTAMISTAS Y OTROS CHIRINGUITOS

Estos tres grupos de empresas son las hermanas menores del sistema financiero, pero no por ello, menos peligrosas. En realidad, actúan como verdaderas aves de rapiña, siempre dispuestas a lanzarse sobre la presa más débil y la menos preparada para defenderse.

Cualquier compañía que quiera prestar servicios financieros debe estar registrada en el Banco de España, en la CNMV, compañía nacional del mercado de valores, y adherida al Fondo de Garantía de Depósitos. A día de hoy, existen numerosas empresas que no cumplen con estos requisitos mínimos y obligatorios y siguen prestando sus servicios bajo la más estricta ilegalidad; y de las que sí están registradas, existen algunas que operan regularmente al borde de la legalidad, aplicando intereses abusivos y comisiones de todo tipo ante la falta de control y de supervisión por parte de los organismos correspondientes. No es extraño, que periódicamente tengamos noticias que alguna de estas empresas ha sido sancionada o multada por incumplir dichos requisitos mínimos de legalidad y buen gobierno.

Toda persona que en algún momento haya recurrido a estos servicios buscando un crédito o suscribiendo un préstamo, generalmente al consumo, habrá experimentado en sus propias carnes lo que acabamos de describir. Para empezar, estas compañías suelen ser menos exigentes que los bancos a la hora de conceder un préstamo, generalmente porque los importes suelen ser bastante inferiores a un crédito bancario, y porque como dice Yunus, el premio Nobel de la paz, precursor de los famosos micro-créditos, "los bancos sólo dan dinero a quien ya tiene dinero"…(!); de manera que estas empresas suelen ser el último recurso para los que realmente necesitan el dinero y tienen dificultades para aportar garantías adicionales; y es precisamente de esta circunstancia de la que se aprovechan en múltiples ocasiones estas compañías financieras.

Pondremos un ejemplo bastante común de una operación corriente en estas circunstancias: un familiar cercano pidió un crédito en una de estas compañías financieras y este fue el recorrido; en el momento de concederle el préstamo (10.000 euros), la financiera le descuenta 250 euros por comisión de estudio; otros 200 euros por comisión de aprobación del crédito; otros 250 euros por el pago anticipado del primer recibo. El interés pactado es del 8%, (el interés oficial es del 2%) y con el TAE (Tasa anual equivalente; es decir con todas las comisiones y gastos adicionales) este asciende al 10,50%. De manera que un crédito de 10.000 euros a 5 años que a una tasa razonable del 4% hubiera supuesto un desembolso total de 11,500 euros aproximadamente, se convierte en un coste total de 14.000 al que, si añadimos algún pequeño retraso en alguna de las cuotas, los intereses suben al 28%; con lo que el desembolso total para un crédito de 10.000 euros se convierte en 15.000 euros aproximadamente; es decir, un coste adicional del 50% por el dinero prestado. Negocio redondo para las financieras.

Otro caso conocido de un trabajador normal que estaba atravesando una mala época y se decidió a pedir un crédito de 2.000 euros a una compañía extranjera que operaba en nuestro país y las condiciones que le impusieron fueron el reembolsar en tres meses el préstamo en tres cuotas de 950 euros cada una, con lo que el coste del préstamo ascendió a 2850 euros, es decir un interés de más del 40%. Dado que tuvo dificultades para pagar la segunda y la tercera cuota, los intereses por demora y otros gastos ascendieron a 2500 euros adicionales; con lo que el coste adicional de la operación subió hasta los 3350 euros para un préstamo de 2000 euros iniciales, y el coste total de la operación subió finalmente a 5350 euros; lo que representa un sobrecoste sobre el capital inicial del 167%. Usura, pura y dura.

Esta clase de abusos y desmanes por parte de algunas de estas financieras no son casos aislados, sino que representan una práctica regular y autorizada y con abundante publicidad, dirigida y practicada hacia las clases más desfavorecidas de la sociedad. No es de extrañar, que tal como señalamos cuando hablamos de la desigualdad en un capítulo anterior, la citada divergencia entre ricos y pobres no haga más que agrandarse, pues si una persona acomodada puede obtener un crédito con relativa facilidad y a un interés razonable, este no es el caso para la mayoría de la población obrera y con pocos recursos. De este modo los bancos y las compañías financieras, juegan un papel principal en contribuir a que la brecha sea cada vez más amplia entre las clases medias y las clases acomodadas.

LOS PARAÍSOS FISCALES

Se considera paraíso fiscal un país o un territorio que tiene una fiscalidad muy baja o incluso nula y que garantiza con su propia legislación la opacidad fiscal y tributaria. La finalidad de los ciudadanos o empresas que establecen allí sus cuentas y su domicilio fiscal es el ahorro de impuestos. Esto suele hacerse mediante la constitución de sociedades llamadas "offshore" que normalmente son constituidas por abogados o bufetes especializados y testaferros. En general no hay información sobre sus cuentas ni sus movimientos y una parte significativa de empresas multinacionales y de personas muy ricas tienen radicado allí su domicilio fiscal y su central operativa. Casi todos los bancos importantes tienen allí también una sucursal para "ayudar" (!).

Se calcula que el dinero acumulado existente en 2021 en estos territorios ronda los 10 billones de dólares; es decir, el 10 por ciento aproximadamente de todo el dinero que se mueve en el mundo (100 billones según el Instituto de finanzas internacionales IFI); y el importe defraudado o detraído de las arcas de los Estados rondaría 1,5 billones de dólares, según las mismas fuentes. Buena parte de esa ingente cantidad de dinero procede de actividades ilegales como el tráfico de armas, las drogas, el crimen organizado, la trata de blancas, el blanqueo de capitales, el mercado negro, la corrupción de ciertos Gobiernos en distintas partes del mundo; pero, también proviene en una parte importante de otras actividades llamadas "legales" como la ocultación de los beneficios empresariales, la ingeniería financiera y la especulación.

Muchos de estos paraísos fiscales están radicados en Asia, en América y en unas cuantas islas del Caribe, del Pacífico y del Canal de la Mancha. Pero, también existen paraísos fiscales o territorios de baja tributación en Estados Unidos (Estado de Delaware) y en la Unión Europea, como Irlanda, Países Bajos, Luxemburgo, Liechtenstein,

Chipre, etc... que no juegan con las mismas reglas que los demás Estados miembros. De forma, que mientras en la mayoría de los Estados de la UE el tipo impositivo medio es del 25% para las empresas y entre el 20 y el 45% para los ciudadanos; en estos territorios que juegan en la misma liga que el resto de los Estados, sólo se aplica el 10 o el 12% para las empresas, y un porcentaje desconocido para las personas según cada caso.

Así las cosas, y refiriéndonos de nuevo al título del libro "Un Sistema Indecente" es casi obligatorio y oportuno preguntar a los millones de contribuyentes y ciudadanos decentes de la UE, si el sistema financiero y fiscal actual les parece decente o indecente. Esto se podría hacer mediante una consulta popular como un referéndum, reuniendo la cantidad necesaria de firmas a tal efecto, tal como se hace en las consultas o votaciones para otras cuestiones que se hacen periódicamente dentro de la UE. La pregunta sería muy sencilla: "¿Está Vd. de acuerdo en que en el interior de la UE sigan operando los Estados o los territorios llamados de baja o nula tributación?" ¡Si o No!

Estos Estados no juegan limpio dentro del terreno de la UE y constituyen una competencia desleal para los otros Estados miembros, que repercute de forma desfavorable en sus economías y en el estado general de bienestar de sus ciudadanos.

LONDONGRADO

En un reportaje reciente publicado en el periódico Financial Times con vídeo incluido, el periodista Daniel Carrahan hace un retrato nada amable, más bien siniestro, de Londres como plaza financiera. A través de múltiples entrevistas con abogados, periodistas, financieros... llega a la conclusión que Londres se ha convertido en los últimos años en la "gran lavadora" de dinero sucio procedente de varias partes del mundo. El título del reportaje, que no tiene desperdicio, se llama "¿cómo Londres ha llegado a ser la capital del dinero sucio del mundo?". El título "Londongrado" se refiere a la importancia y al volumen de inversiones y dinero depositado por los oligarcas rusos en los últimos años; de ahí, la analogía Londongrado con Leningrado, para indicar su procedencia.

Londres siempre ha sido una plaza bastante abierta para los capitales, y no olvidemos que en su "City" reside uno de los sistemas bancarios y de redes profesionales, abogados, economistas, asesores, consejeros, fiduciarios etc... más importantes del mundo. Siempre ha sido una plaza bastante respetada por su importancia y por la cantidad y calidad de sus servicios para los inversores. Sin embargo, en las últimas décadas, los bancos y los servicios que ofrecen han cambiado de rumbo de forma importante. A través de las numerosas entrevistas realizadas mencionadas anteriormente con profesionales de distintos ámbitos, se va desgranando poco a poco cómo la plaza financiera de Londres ha ido cobrando importancia a partir de abrir sus puertas a las inmensas cantidades de dinero sucio proveniente principalmente de Rusia y de China y de otros países.

Con la caída y la desintegración de la Unión Soviética y el posterior reparto de gran parte de sus principales empresas, la mayoría estatales hasta entonces, realizada por la clase política con su jefe al frente, el ex-presidente Boris Yeltsin, se produjo la mayor estampida y el gran vaciamiento de capitales que hasta entonces habían sido del Estado. Fue el nacimiento de lo que hoy llamamos los "oligarcas" rusos. Este grupo privilegiado de ciudadanos, amigos del régimen, se vio beneficiado con la concesión y la propiedad, por prácticamente un euro, de grandes empresas e instituciones, cuyo valor ascendía a varios miles de millones de euros, con la condición de no meterse en política; esa era la expresa condición y salvedad. Así pues, la mayoría de estos nuevos ricos, ante la incertidumbre política y social que vislumbraron en su querida Rusia, comenzaron a trasladar la sede de sus empresas y sus capitales hacia destinos más seguros y más rentables: entre ellos figuraba como prioritario Londres, así como hacia otros paraísos fiscales.

Ante la avalancha de dinero que vieron venir, tanto los bancos como los operadores de la "City" en Londres, la mayoría de ellos abrieron sus puertas y sus manos a este "maná" milagroso que les cayó de repente. Fue a partir de entonces cuando empezaron a florecer las inversiones millonarias, las compras de todo tipo, desde terrenos hasta grandes mansiones y yates espectaculares, limusinas de lujo, apartamentos en las mejores zonas, los mejores colegios para sus vástagos etc...etc... En el corazón de la zona financiera de Londres dieron todas las facilidades a estas inversiones sin hacer demasiadas preguntas sobre su procedencia, entre ellas, la entrega de la famosa "Golden Visa" que fue otorgada a la mayoría de los mencionados oligarcas. Con ello cualquier ciudadano extranjero con más de 1 millón de dólares podía obtener casi de inmediato la nacionalidad británica, abrir una o varias cuentas y crear igualmente varias sociedades llamadas "Shell" con las que podían empezar a operar y hacer todo tipo de transferencias y movimientos. Por cierto, una cuenta shell es una cuenta de sociedad que se puede constituir por 12 libras y estar operativa en 48 horas, sin necesidad de que figure el nombre real de su titular; alguna de estas cuentas se constituyó con el pintoresco nombre de Mickey Mouse... (!)

Muchas son las voces en distintos ámbitos que se han alzado últimamente para rechazar este modo de operar las finanzas y dar entrada a toda clase de capitales, ya que como dice uno de los entrevistados en el reportaje al final, se pregunta "¿which kind of society do we want? ¿Qué clase de sociedad queremos?" ... Aparentemente, ya se han empezado a tomar ciertas medidas y algunos controles, ante la reacción airada de una parte de los ciudadanos ingleses, cansados de este espectáculo y del agravio comparativo que tienen que soportar al ver tal exhibición inmoral de la parte de muchos de estos poderosos ciudadanos extranjeros; pues el problema, no es tanto el río y el volumen de dinero exterior que llega a las arcas inglesas, sino ver cómo estos flujos contaminan el sistema local y a muchos de sus operadores, (banqueros, agentes, fiduciarias, abogados...) convirtiendo ciertas partes del país en una exhibición indecente de dinero.

LAS BOLSAS

También llamado el mercado de valores y mercado de capitales, constituye otro brazo muy importante del sistema financiero a donde acuden miles de inversionistas en busca de títulos, valores o activos que proporcionen una rentabilidad superior a los bancos, y además les permita ser copropietarios de las empresas en las que invierten al comprar sus acciones. También acuden las empresas en busca de una financiación menos costosa que la de los circuitos de los bancos o las financieras. Por otro lado, es también un buen termómetro que mide la salud económica y financiera de las empresas que cotizan en ese mercado. Sin ninguna duda, constituye un instrumento estructural y de suma importancia para el sistema capitalista.

Hasta aquí la parte buena de este mercado; sin embargo, la Bolsa, también es un elemento especulativo y distorsionador del sistema económico y social. Me explico: diariamente las bolsas mundiales mueven una ingente cantidad de dinero esencialmente digital, cuyo volumen casi nadie acierta a medir, dada su magnitud, su complejidad y la rapidez e inmediatez con las que se mueven. Por poner sólo algunos ejemplos: ¿Sabe Vd., cuánto dinero se negocia solo en el mercado de divisas (Forex) en 24 horas?... ¡7 billones de dólares!... sí, lo ha oído bien; es decir, el equivalente al producto interior bruto (PIB), de Alemania, Francia y España juntos.

Aunque es un mercado, el de las divisas, necesario y al que acuden los bancos y los Gobiernos para asegurar sus operaciones; tiene esencialmente un componente especulativo; es decir, su función, es comprar y vender monedas y jugar con su tipo de cambio para obtener un beneficio; esto tiene poco que ver con la economía real y constituye otro de los fallos del sistema, es decir, manipular el valor de una moneda nacional con el único fin de obtener buenas ganancias. El ejemplo más paradigmático de este juego indecente lo vimos en 1991, cuando el financiero George Soros se embolsó 1000 millones de libras en un sólo día, apostando a la baja contra la libra, moneda y divisa del Reino Unido!

En cuanto a los títulos y valores que se negocian igualmente en este mercado: las acciones, los bonos, los valores a plazo, es cierto que constituyen la columna principal de dicho mercado y es absolutamente imprescindible para las empresas y los bancos. Pero hemos de decir también, que, mezclados con estos valores de la economía real, se mueven miles de millones a diario, de otros tantos títulos, valores, activos y "otros papeles" que, de nuevo, poco o nada tienen que ver con la economía real, y que desde mi punto de vista representan una anomalía o un tumor para la buena salud de la economía global; o como dijo el financiero Warren Buffet, "estos valores, refiriéndose al mercado de futuros, pueden ser una bomba de destrucción masiva". Hablamos de los "contratos de futuros" o contratos de derivados de un bien real, como puede ser el trigo, el maíz, o el oro; lo que se negocia aquí, no es el precio del trigo o del maíz, sino el precio o valor que tendrá ese bien en un futuro mediante un contrato a una fecha fijada de antemano. Una vez más, nos encontramos con una actividad y unas acciones que muchas veces no tienen nada que ver con el valor o los precios de la economía real, y cuya existencia y finalidad, permitida por el sistema, solo se justifica por la pura especulación. Hay que corregir esto también.

CAPÍTULO CINCO

LA TECNOLOGIA

"Temo el día en que la tecnología sobrepase nuestra humanidad; el mundo solo tendrá una generación de idiotas"
(Albert Einstein)

El hombre desde sus orígenes siempre ha buscado formas y herramientas o sistemas para producir más con menos, y por lo tanto, que le supusiera un menor esfuerzo. Es innegable no reconocer que la tecnología y la innovación han servido para facilitar y hacer la vida más agradable a las personas en todo el mundo.

Desde la invención del fuego y la rueda en los albores de la civilización, los hombres no han dejado de buscar, de probar, y de inventar utensilios, armas y estrategias para protegerse y defenderse, como para ir desprendiéndose paulatinamente de las labores y los trabajos más duros y más penosos físicamente, para así, poder destinar más tiempo al ocio, a sus familias, a la creatividad y a la música, que son actividades más propias del hombre y lo que nos diferencia de los animales.

Sin embargo, con la llegada de la primera revolución industrial en el siglo XVIII, es cuando verdaderamente se puede hablar que la humanidad entra en una nueva época, y en una etapa nueva en la evolución del hombre en la tierra. Es en ese momento, con el descubrimiento de la máquina de vapor, la introducción del ferrocarril, y la propagación de la industria metal mecánica con la invención y utilización de nuevas herramientas para usos de todo tipo, cuando podemos hablar verdaderamente, de la primera revolución tecnológica que deja atrás el sistema tradicional de producir para subsistir, que había sido la norma durante los siglos anteriores.

La expansión y el crecimiento de esta primera revolución, va desde finales del siglo XVIII hasta mediados del siglo XIX; es la era de la Mecanización y de la producción en masa con la consolidación del ferrocarril y el barco a vapor como medios principales de transporte y el establecimiento de las primeras grandes empresas de producción a gran escala, con las primeras plantas de producción de acero y con los primeros telares y la fabricación de tejidos, para dar respuesta a la creciente demanda a medida que la clase obrera empezaba a mejorar sus condiciones de vida y sus salarios.

La segunda revolución industrial comienza a finales del siglo XIX y principios del siglo XX, con la invención de la electricidad y la aparición de nuevos materiales como el aluminio, el níquel, el cobre, y otros elementos químicos como la sosa, el amoniaco, los fertilizantes... que constituyen materias primas esenciales para dar apoyo y sustento a toda la industria mecánica y química que estaba empezando a desarrollarse; comienza la producción en masa de los automóviles Ford y el auge y consolidación de las cadenas de producción.

La tercera revolución industrial irrumpe como un tornado con el comienzo del siglo XXI con la que es llamada la revolución informática y el desarrollo global de Internet; es también el inicio de las energías renovables y del transporte eléctrico y el desarrollo a gran escala de la logística tan importante y necesaria hoy día.

Así llegamos a la cuarta revolución industrial actual, aunque de industrial tiene poco, que va desde la informática de tercera generación a la automatización de las máquinas y procesos; de la robótica al Internet de las cosas, y de los sistemas ciber-físicos de seguimiento y control del mundo físico, a las smart-industries cuyas fábricas son capaces de planear, predecir y controlar lo que genera mayor valor a la cadena de funcionamiento y por ende, al Sistema en su conjunto.

Una vez llegados a este punto, después de pasar por las sucesivas etapas de revolución tecnológica que acabamos de enumerar, estamos entrando y en muchos casos hemos entrado ya, en la era de la expansión y el crecimiento exponencial de la Tecnología que inunda todas las actividades humanas e industriales; desde el control hidropónico remoto del riego en la agricultura, pasando por la robótica generalizada en la mayoría de las empresas y servicios, los asistentes personales y familiares en el hogar, los sistemas automáticos de transporte por aire y por tierra, los sistemas masivos de seguridad y vigilancia, el mundo de la medicina y la cirugía, el sector financiero y de las bolsas, hasta los sistemas de predicción meteorológica y el cambio climático... es la hora de la tecnología; es la nueva diosa que todos quieren adorar, para no quedar apartados y al margen de la sociedad y de nosotros mismos.

Al adentrarnos en el análisis de la tecnología y del mundo cibernético que nos rodea, nuestra intención no es hacer una disección técnica de cada dispositivo, máquina, sistema, innovación o aplicación de software, con los que estamos más o menos familiarizados como usuarios, en nuestro quehacer diario, sino hacer un análisis, como economista y buen observador social, de las múltiples aplicaciones, la influencia y las consecuencias a nivel social y económico, del empleo de todas estas herramientas, sistemas y dispositivos tecnológicos y la repercusión y los cambios tan importantes que están teniendo en las sociedades modernas y en los ciudadanos.

En el pasado, cada cambio o transformación importante de la sociedad ha sido impulsado por un elemento clave que lo hacía posible: desde la piedra, el bronce o el hierro, la máquina de vapor o la electricidad, la automatización o el advenimiento de internet. Sin embargo, en el momento actual y de cara al futuro, la ciencia y la tecnología van a transformar, no solo la industria, las transacciones comerciales y financieras, la cultura y la sociedad misma, sino que van a cambiar de forma radical nuestra biología e incluso nuestra ética.

Como dice el futurólogo Gerd Leonhard en su libro "Tecnología versus Humanidad", la tecnología no tiene ética, y si aceptamos que la finalidad del hombre en la tierra es alcanzar la felicidad y el bienestar humanos, debemos orientar y regular nuestras decisiones en el ámbito de la tecnología, de forma que estas estén guiadas y dirigidas prioritariamente a la consecución de ese fin; y que los criterios económicos, financieros o de poder, queden en segundo término. Creemos que ha llegado el momento de regular la aplicación masiva de la tecnología, tal y como haríamos con cualquier otra fuerza transformadora, como por ejemplo, la energía nuclear.

La innovación tecnológica está avanzando a un ritmo vertiginoso, y a una velocidad exponencial, que apenas nos da tiempo a los seres humanos a comprenderla y menos aún a digerirla y hacerla nuestra en nuestro quehacer diario y en nuestras vidas. La famosa ley de Moore dice, que la velocidad de procesamiento de un chip se duplica cada 18-24 meses; y recientemente he leído que el computador más potente de Europa llamado Mare Nostrum, situado en Barcelona, es capaz de realizar 150 billones de operaciones en un segundo (!)… ¿existe algún cerebro humano o varios capaces de realizar semejante hazaña?… pues aparentemente no; y habría que estar preparados para lo que viene, cuando entre en marcha la llamada computación cuántica, que multiplicará miles de veces esa capacidad de cálculo.

Ante estos retos de crecimiento exponencial de la tecnología, los seres humanos y la sociedad en general nos enfrentamos a un escenario a 10 o 20 años vista, donde los principales cambios y los más disruptivos serán: La Inteligencia Artificial (IA), y la edición del genoma humano; estos serán los dos motores más importantes del cambio en la evolución tecnológica de nuestras sociedades. Sin perder de vista otros cambios paralelos y derivados de estas dos grandes tecnologías.

De igual manera que la evolución del hombre en la tierra desde sus inicios ha sido imparable, la tecnología está haciendo y va hacer todavía más de cara al futuro, que el ser humano dé un salto en la historia del progreso más impactante en los próximos 20-30 años, que en los 300 o 400 años anteriores. Cambios que ya son una realidad, como la realidad aumentada (RA) y la realidad virtual (RV), los hologramas y la interfaces cerebro-computadora van a ser de tal magnitud que en muchos casos ya no sabremos distinguir entre la realidad física y otras realidades a las que nos llevan irremediablemente las grandes plataformas tecnológicas como: Google, Amazon, Facebook, Apple, Microsoft, las llamadas (GAFAM) por sus iniciales.

No obstante, y sin dejar de mirar de reojo, los peligros y amenazas que pueden suponer estas nuevas tecnologías, nos preguntamos, si en algún momento todas estas innovaciones nos harán perder aquello que nos hace esencialmente humanos, aquellas características propias del hombre como la creatividad, la capacidad de hacerse preguntas, de imaginar un futuro diferente, de ser críticos, de sentir y emocionarse, de ser empáticos con nuestros semejantes… Creemos que esas capacidades y competencias seguirán siendo exclusivas de los seres humanos, aunque según algunos, ya hay máquinas y robots capaces de sentir y reflejar emociones básicas…

Estos son los cambios más relevantes que se van a producir en un futuro próximo y alguno de ellos ya están aquí: Automatización, Robotización, Movilización, Digitalización, Desintermediación, Virtualización, Inteligización… y otros muchos derivados consecuentemente de estos. La pregunta que podemos hacernos a estas alturas es, si todos estos cambios que estamos viviendo y los que vendrán, serán beneficiosos para el ser humano y añadirán cuotas adicionales de bienestar y de felicidad, o por el contrario, nos aportarán índices de ansiedad, sufrimiento e incertidumbre adicionales, al no estar suficientemente preparados y no saber cómo responder ante estos nuevos retos.

PROS Y CONTRAS

Nadie duda que los progresos económicos y sociales alcanzados por las sucesivas revoluciones industriales iniciadas en el siglo XVIII y las etapas posteriores, han dado a la humanidad el mayor salto de innovación y progreso que la historia ha conocido desde hace 2000 años; y esto se ha conseguido, sin lugar a dudas, por la tecnología y las recurrentes invenciones y aplicaciones de dicha tecnología a casi todos los ámbitos de la actividad humana en el hogar, en las empresas, en la industria y en la cultura. Pensemos, por ejemplo, cuanto duraba un viaje desde cualquier provincia a la capital hace tan solo un siglo, ¿varios días, una semana?... hoy se puede hacer en tren en dos horas; hace un siglo viajar de un país como España a Alemania podía durar varias semanas, hoy se puede llegar en avión en tres horas; o ¿cuántos hombres eran necesarios para segar un campo de trigo, diez, veinte, treinta? hoy una máquina segadora lo hace en unas pocas horas y con tan solo dos hombres; ¿cuántos coches circulaban a finales del siglo XIX en el mundo? Unas pocas docenas; hoy, hay millones circulando en cualquier país desarrollado. Muchos recordamos cuando nuestras madres y abuelas iban a hacer la colada al lavadero municipal una o varias veces a la semana; hoy con las máquinas lavadoras se pueden hacer varias coladas en el mismo día con el ahorro de tiempo y esfuerzo que ello supone… los ejemplos serían innumerables.

Más recientemente con la irrupción de Internet en nuestras vidas, los avances en productividad, conectividad e inmediatez han revolucionado por completo nuestras costumbres, nuestros trabajos, nuestro ocio, y en definitiva, nuestras vidas. Internet se ha convertido en el espacio esencial donde se mueven nuestras vidas; en Internet se pueden desarrollar la mayoría de nuestras actividades: puedes usarlo para aprender y adquirir conocimientos, ahí está Wikipedia y los millones de vídeos de YouTube en los que puedes asistir a una conferencia, a un concierto, a una máster class, o a una sesión de deporte; puedes usarlo para el ocio y las relaciones sociales, mediante los miles de reportajes sobre la naturaleza o sobre el espacio e incluso sobre la cocina; puedes entablar relaciones sociales y ampliar tu círculo de amistades y contactos a través de Facebook, Instagram, o TikTok, o incluso con las aplicaciones de contactos de pareja…etc; puedes usarlo para tus relaciones comerciales y profesionales a través de aplicaciones como LinkedIn, Amazon o Google, y puedes estar en contacto diario con tus clientes, proveedores o colaboradores mediante aplicaciones como Zoom o Facetime de Apple, o si lo prefieres, puedes hablar y ver a tus seres queridos a miles de kilómetros de distancia por Whatsapp, pues las distancias hoy, en el mundo de internet han desaparecido.

Internet ha facilitado la vida y ha incrementado la riqueza y el bienestar de miles de millones de personas en todo el mundo. Pensemos por un momento, en el campo de la medicina los avances y las innovaciones han sido innumerables, desde tomar cita con el médico vía digital y posteriormente tener la consulta por el mismo canal vía Zoom, ahorrando así mucho tiempo tanto para el paciente como para el médico; poder obtener diagnósticos fiables sobre una lesión, un cáncer, o cualquier otra enfermedad a través de una resonancia magnética, una ecografía, un escáner o una tomografía, en cuestión de minutos, lo que ha contribuido a salvar miles de vidas; o aún, las increíbles innovaciones desarrolladas en la práctica de la cirugía, desde herramientas y utensilios que han facilitado enormemente las intervenciones y el tiempo de recuperación de muchos pacientes; hasta lograr hacer intervenciones quirúrgicas a distancia con una precisión milimétrica con la ayuda del robot Davinci mediante el que se puede operar un paciente de Japón desde un quirófano situado en Alemania..., la lista de beneficios sería igualmente interminable.

No podemos olvidar los increíbles avances logrados en el campo de la bioingeniería donde para conocer nuestro estado general de salud o de un órgano concreto, se nos puede introducir un nanobot que a través del torrente sanguíneo nos indique su estado actual, y en ciertos casos, hasta pueda repararlo.

Las aplicaciones y programas surgidos desde los inicios de internet son incontables: el software de ayuda tanto para la arquitectura como para la industria conocido como Cad-Cam con sus numerosos programas, ha sido toda una revolución en estos campos, reduciendo los tiempos de diseño, proyecto y construcción, tanto de piezas industriales como de edificios y viviendas.

Hasta tal punto se ha llegado, que hoy día se puede construir una vivienda en 60 horas mediante una impresora 3D, debidamente preparada y programada; con las impresoras 3D se puede fabricar prácticamente casi todo, desde producir comida hasta crear piel humana…

La programación a medida creada para las distintas aplicaciones utilizadas en la industria, el comercio, el turismo, la banca, la agricultura, la bolsa etc… ha transformado radicalmente la economía, la sociedad y el modo y el estilo de vida de millones de ciudadanos en todo el mundo. El software tan sofisticado existente para la predicción meteorológica y la prevención de desastres, está contribuyendo de forma importante al conocimiento y proyección del cambio climático y de sus consecuencias. Asimismo, las diversas aplicaciones implantadas en el ámbito legal contribuyen a un aumento de la productividad tanto en los despachos de abogados como en los juzgados donde ya se celebran juicios de forma virtual con el consiguiente ahorro de tiempo y de costes. Finalmente, por mencionar un sector a veces olvidado como el de la agricultura, donde la introducción de maquinaria y robots de todo tipo, como el riego por goteo y por control remoto, el seguimiento de la temperatura y el estado de crecimiento de las distintas plantas, permite tener un mejor control y unos mayores rendimientos por hectárea de las producciones.

Hasta aquí los pros de la aplicación de la tecnología en muchos sectores y sus consecuencias; pero, también hemos de fijarnos y analizar, los contras de la utilización y el manejo de estas innovaciones tecnológicas. Para ello, podemos hacernos algunas preguntas que probablemente nos hemos hecho muchos en algún momento, cuando hemos reflexionado sobre lo que está pasando con los avances de la tecnología en la sociedad, en nuestros trabajos, en nuestras relaciones y en nuestro futuro.

Asumiendo que el progreso no puede prescindir de la tecnología y de la innovación, nos hemos parado a pensar ¿por qué básicamente 5 grandes empresas (GAFAM) dominan el mercado de internet, del mundo digital y del ocio, y que además esas empresas están ubicadas en EEUU y más concretamente en el área de San Francisco?... ¿No estaremos sucumbiendo otra vez a una nueva forma de dominación concentrada en lo que ya Platón llamaba las "Élites" hace más de dos mil años?... Por poner solo un ejemplo, el valor en bolsa de Apple hoy, es de 3 billones de dólares; lo que supera el PIB de Italia y España juntos; Facebook tiene 2500 millones de clientes en todo el mundo; Amazon tiene 1,6 millones de empleados y prohíbe taxativamente la existencia de sindicatos; los ingresos por publicidad de Google superan los 200.000 millones de dólares al año según statista; Microsoft ha llegado a valer en bolsa 2,5 billones de dólares.

Ante este mareo de cifras y de poderío económico de estas 5 empresas multinacionales junto a las prácticas, algunas veces, de dudosa legalidad, (prohibición de sindicatos en Amazon, venta de datos personales por parte de Facebook, obligación de utilizar un solo sistema operativo, Windows de Microsoft etc...etc...), ¿alguien puede dudar que estamos ante un nuevo poder más importante que los Estados, como ya apuntamos en el segundo capítulo cuando hablamos de los Estados-Plataforma?

En Estados Unidos y en muchos países existe la ley "anti-trust", y ya se aplicó en los años 60 a la petrolera Standard Oil para obligarla a que se dividiera en varias empresas con el fin de diluir la tentación de monopolio y que la competencia con otras empresas fuera más justa. Opino, que al ritmo de crecimiento que están teniendo estas 5 empresas las autoridades de la competencia deberían empezar a aplicar la legislación correspondiente con el fin de salvaguardar la libre competencia y los derechos de los ciudadanos. Este es uno de los aspectos más negativos, por su importancia y su tamaño que queremos poner de relieve; pero sin duda hay otros muchos, como vemos a continuación:

En los años 90, hablando un día con un colega y amigo que trabajaba en Inglaterra, me dijo una frase que todavía recuerdo y que creo que es una gran verdad; dijo: "Life is like a coin", es decir, "la vida es como una moneda"; y efectivamente, casi todo en la vida tiene dos caras, cara y cruz, o sea, un lado positivo y un lado negativo. Personalmente, lo habremos observado casi a diario en nuestro discurrir por la vida; en nuestras relaciones, en nuestros trabajos, en nuestra familia, en nuestros proyectos, en nuestros "hobbies" …; y por supuesto, como no podía ser de otra manera, ocurre también con la tecnología. La tecnología preside nuestras vidas hoy día y se ha convertido en una parte integrante de nuestra personalidad hasta tal punto, que muchas veces no sabemos o no distinguimos, si las acciones que estamos realizando o los proyectos que estamos ideando son complemente nuestros o son una mezcla de tecnología y mente humana o de una mente-tecnológica.

DIGITALIZACIÓN

Estamos en la era de la digitalización. Pero, ¿qué es la digitalización?

La digitalización es el proceso de conversión de la información y los medios analógicos en información digital; el formato digital utiliza los dígitos 1 y 0 para interpretar la información recibida y enviada, es decir, el código binario (1 y 0) con el que trabaja la ciencia computacional, o sea, los ordenadores.

De este modo, la música, los libros, las películas, la televisión, la energía, el transporte, el correo, etc… pueden ser convertidos del formato analógico al formato digital; el papel, los archivos, y los procesos en las empresas, también pueden ser transformados en formato digital, subiendo toda esta información a la nube con el consiguiente ahorro de papel, de los archivos, y de los memorandos y además teniendo dicha información disponible las 24 horas, 7 días a la semana, sin necesidad de desplazarse entre departamentos o entre sucursales de la misma empresa. En otras palabras; esto significa la simplificación de los procesos, el ahorro de tiempo y costes, y el aumento de la productividad y la competitividad de las empresas y los negocios en general. Todo lo que pueda ser digitalizado será digitalizado.

Con algunos ejemplos comprenderemos mejor la importancia y la transformación disruptiva que está teniendo la aplicación de la digitalización en nuestras vidas. Muchos recordamos, hace unos años, comprar un CD de música de 12 canciones costaba 20 euros; hoy con Spotify, podemos tener 16 millones de canciones por 8 euros al mes, o escucharlas gratuitamente en Youtube. Ante estos cambios las antiguas grandes distribuidoras de música como Sony, Warner Music, Merlin…han pasado a ser, en palabras del propio Paul McCartney, como los antiguos dinosaurios de la era cuaternaria. Hace unos años, asistir a un concierto de música significaba hacer la reserva correspondiente, viajar hasta el lugar donde se iba a celebrar, prever unos gastos adicionales de comida, hotel, carburante etc… hoy día, se puede asistir a un concierto en directo en streaming sin moverse del sillón del salón de casa; los ahorros y las ventajas son evidentes…

En el ámbito médico los avances están siendo muy acelerados y cada día vemos cómo desde nuestra historia médica, como en la organización de las consultas, la detección precoz de ciertas enfermedades, las intervenciones quirúrgicas, y las propias consultas con el médico, se están llevando a cabo sin necesidad de desplazamientos molestos, ni pruebas diagnósticas engorrosas, ni tiempos de espera interminables; hoy día, basta con conectarse al ordenador y hablar con nuestro médico, enviar un diagnóstico digitalizado, y obtener resultados de una prueba en el mismo día o al día siguiente.

En el terreno de las empresas, el 90 por ciento de las empresas tiene algún plan de digitalización y están adoptando medidas concretas para emprender un plan real de transformación digital, si no quieren quedarse atrás y ser relegadas al colectivo menos eficiente de su sector. Está comprobado que las empresas que ya han implantado un plan de digitalización en su modelo de negocio, en su documentación, en sus procesos internos y en su relación con sus clientes, son más eficientes al aumentar su productividad, su competitividad, y obtener una reducción de costes derivada de la simplificación de los procesos y de la mayor eficiencia alcanzada en todas las etapas de sus procesos productivos. Las ventajas son numerosas y las podemos ver en la disponibilidad de toda la documentación e información de la empresa en cualquier momento, así como una mayor seguridad en el tratamiento de sus datos, aumenta la agilidad de los procesos, mejora la experiencia del cliente, y motiva el trabajo en equipo.

Otra de las grandes derivadas de la digitalización ha sido el incremento exponencial del Teletrabajo; negar a estas alturas las innumerables ventajas y beneficios que esta nueva forma de trabajo ha aportado para miles de trabajadores y de empresas sería casi como querer negar la propia realidad.

Entre las ventajas más visibles están: la reducción de costes al evitar desplazamientos y gestiones improductivas, la mejora de la productividad en la mayoría de los casos al influir positivamente en la salud del trabajador por la disminución del estrés y aumentar la sensación de libertad al poder distribuirse la jornada de trabajo de la manera más eficiente, mejora la conciliación familiar sin lugar a dudas y contribuye a mejorar el medio ambiente al disminuir su contribución a la polución pues ya no es necesario utilizar el automóvil para desplazarse.

Finalmente, el aumento espectacular del e-commerce o del comercio electrónico. El volumen que mueven las grandes plataformas y algunas más pequeñas en la venta minorista en todo el mundo asciende a 26 billones de dólares; ahí se encuentran Amazon, Alibaba, shopify, wallapop, etc… y cientos de otras más pequeñas. Esta nueva forma de venta ha impulsado el comercio en todo el mundo contribuyendo de este modo a aumentar la riqueza y el bienestar de muchos países; aunque la cara negativa haya sido a costa de la destrucción de miles de comercios y tiendas pequeñas y por lo tanto de muchos puestos de trabajo y de autónomos en cientos de ciudades alrededor del mundo.

Admitiendo que los beneficios producidos por la llamada digitalización son numerosos e innegables, como en el ámbito de la educación con la formación "online", la gestión de las matriculaciones y de los grupos de alumnos; también se han producido algunos efectos negativos en este sector, como señala la especialista Sonia Livingston experta europea en menores y digitalización, quien declara, "Si envolvemos a nuestros hijos en algodón digital, no aprenderán a sobrellevar los problemas"; y cuando se le pregunta ¿Hay alguna evidencia de que la educación digital de los niños vaya a convertirles en adultos diferentes a nosotros? Ella responde: "hay cada vez más pruebas de que empeora la salud mental de los menores".

AUTOMATIZACIÓN

Cualquier tarea rutinaria, repetitiva y monótona corre el riesgo de ser automatizada y robotizada en un futuro próximo, si no lo ha hecho ya. Es el signo de los tiempos; y probablemente es bueno que sea así. Sin embargo, esta afirmación que es la confirmación de un hecho contrastado y diario, está produciendo unas consecuencias de dos clases: por un lado, nos libera a las personas de aquellos trabajos más duros, más penosos y más aburridos y nos proporciona más tiempo para dedicarlo a otras ocupaciones más creativas, a la innovación, al arte, a la música, o simplemente a nuestros hobbies y al ocio que indudablemente son tareas mucho más gratificantes y placenteras.

No obstante, esta liberación de la maldición bíblica "ganarás el pan con el sudor de tu frente", produce igualmente unos resultados y unas consecuencias que en bastantes ocasiones son contraproducentes y perjudiciales. Pensemos, por poner un ejemplo, que debido a los avances conseguidos por la IA (inteligencia artificial), en la conducción autónoma, un taxista se queda sin empleo y tiene que alistarse en las listas del paro donde permanece un tiempo hasta que vuelve a encontrar una nueva ocupación; y aquí es donde entra de lleno la famosa afirmación del economista Joseph Shumpeter, autor del libro "Capitalismo, Socialismo y Democracia" en el que afirma que el progreso siempre es positivo y lo califica como un gran bien junto a un pequeño mal, cuando se refiere a este fenómeno, afirmando que se trata de "La Destrucción creativa", pues los puestos de trabajo destruidos por la tecnología y el progreso, crean a su vez otros nuevos puestos de trabajo más eficientes y de más valor añadido. Francamente, vemos mal, cómo nuestro taxista se convierte en desarrollador de aplicaciones móviles, de un día para otro.

No pretendemos ser agoreros, y menos tratándose de un tema de suma importancia como es el trabajo de las personas. Pero según las previsiones hechas en 2013 en un estudio de la Oxford Martin School, en las próximas tres décadas el 50% de los trabajos podrían ser automatizados; pues según algunos, hay suficientes evidencias de que los seres humanos son caros, lentos, y a menudo, ineficientes; mientras que las máquinas son baratas, rápidas, no se cansan y son más eficientes, y debido igualmente a la introducción de la IA en numerosos procesos, están mejorando en todos los aspectos a un ritmo exponencial.

Si seguimos a este ritmo de aplicación masiva de la tecnología en todos los aspectos de nuestras vidas, principalmente en el trabajo, ¿llegaremos tal vez un día a ese "Mundo feliz" del que hablaba el escritor Aldous Husley? Un mundo donde casi nadie trabajaría y las personas se dedicarían esencialmente a la búsqueda de la felicidad individual y colectiva, mediante la ocupación del tiempo en tareas creativas, hedonistas y artísticas o de puro disfrute; y para cuando esto no fuera suficiente, el sistema también tendrá prevista una droga llamada "soma" que se encargará de mantenernos felices la mayor parte del tiempo. Ante este escenario futurible, cabe preguntarse si las máquinas, la automatización y los robots pueden llegar a sustituirnos como personas, como ciudadanos e incluso como agentes de nuestras propias vidas.

Podemos entonces imaginar un nuevo escenario donde las máquinas y los robots nos habrán sustituido casi por completo y en ese momento surgiría una clase dirigente, (la mejor informada y la poseedora del conocimiento y el capital) que sería la nueva élite gobernante, en el sentido de que gobernarían nuestras vidas. A muchos se les ha aparecido este escenario y a miles de personas en todo el mundo les están dictando sus formas de vida y sus modelos de pensamiento y de ocio, dirigido por esta nueva élite cuya ubicación todos conocemos como "el valle del Silicón" en California.

Las consecuencias económicas y sociales de esta transformación de modelo de sociedad pueden estar llevándonos a un terreno, desconocido hasta ahora; de una parte, podría haber abundancia económica debido a la aplicación masiva de la tecnología y a su mayor eficiencia, y por otra parte, podría darse el fin del trabajo como forma de ganarse la vida, como ha sido la norma durante siglos. Este probable escenario futuro, hace que nos planteemos algunas preguntas sobre cómo serán nuestras vidas en 10, 20, 30 años si se confirman estas predicciones.

La cuestión central es, ¿cómo harán las personas para cubrir sus gastos y sus necesidades diarias y periódicas como la compra en un supermercado o la visita regular a la consulta del médico? o aún, ¿cómo planearían el presupuesto de los estudios de un hijo o los gastos necesarios para las vacaciones?... Creemos que la respuesta plausible sería el dar a cada ciudadano una renta básica universal (RBU), de manera que al menos las necesidades básicas estuviesen cubiertas;

de manera que, una vez superado este estadio, cada ciudadano que quisiera aspirar a tener otros bienes o servicios no cubiertos inicialmente por dicha renta universal, tuviera que hacer los esfuerzos necesarios de desarrollo de sus conocimientos y sus talentos para que al ofrecerlos al mercado obtuviese una recompensa monetaria que le facilitaría la obtención de sus aspiraciones.

Esta cuestión plantearía dos cuestiones de suma importancia y de índole ética, según el autor Gerd Leonhard: primero, si esto no sería una flagrante discriminación y un atentado a la igualdad social; dado que el punto de partida de cada persona es bien diferente, según haya nacido en un país u otro, según su herencia genética, y hasta su predisposición, o ambición al esfuerzo para progresar o no. Segundo, ¿de dónde saldrían los recursos económicos necesarios para pagar esta renta universal?...¿habría, tal vez, que instaurar y aplicar un impuesto general a cada máquina o dispositivo, que debido al progreso de la tecnología haya destruido uno o varios puestos de trabajo?...¿quién pagaría ese impuesto?, ¿los empresarios?, ¿los que detentan el capital?...¿podría servir dicho impuesto tecnológico para financiar, por ejemplo, la formación de los trabajadores que hayan sido desplazados por las máquinas y la tecnología y que fuera de ayuda para actualizarlos y formarlos en nuevas competencias ?

Al final, una vez que automaticemos las noticias y la información, los comercios y las compras, las finanzas y la atención médica, podría llegar un momento en que también necesitaríamos automatizarnos nosotros mismos, con tal de no molestar al sistema. "Esperemos que aquellas cualidades y aptitudes intrínsecamente humanas como las emociones, las dudas, las pasiones, la intuición, la creatividad, la compasión y la empatía no desaparezcan nunca, pues de ser así, ya no seríamos seres humanos reales; seríamos otra cosa bien distinta, y a mi juicio, algo o alguien, poco atractivo". (Gerd Leonhard, Tecnología versus Humanidad).

SOBRE-INFORMACIÓN

¡Algunos ya han empezado a llamarla la nueva Pandemia! Una pandemia nace en un lugar determinado, y crece y se expande rápidamente, a veces, exponencialmente, por todo el cuerpo, por todo un país, y finalmente por todo el mundo, contagiando a todas las personas. Es la nueva pandemia informativa; está viva las 24 horas, no descansa, aumenta vertiginosamente su velocidad, y se expande como mancha de aceite, cubriéndolo todo y a todos. Es la sobre-información que ha inventado el Sistema para mantenernos atentos, expectantes y ansiosos cada minuto, cada hora, cada día, y todos los días del año. Podemos preguntarnos, ¿por qué y para qué?, ya que las pandemias suelen aparecer por causas fortuitas en general, salvo en este caso, que es provocada de forma deliberada y con fines claramente indecentes y peligrosos.

Pero, ¿Quién es esa persona o grupo o sistema tan malévolo, que ha inventado dicha arma tan perjudicial para el género humano y que está provocando una enfermedad global y unos prejuicios tan aberrantes para la salud física y mental de las personas en todo el mundo?

El origen se encuentra en un lugar concreto, Silicon Valley, en California, Estados Unidos. Y ¿quiénes son los gobernantes y los capitanes que comandan esta nueva ola pandémica?... son los GAFAM (Google, Amazon, Facebook, Apple, Microsoft); aunque no son los únicos; ya que cualquier medio audiovisual, informativo o comercial, pueden estar repitiendo machaconamente un anuncio, una noticia, o una oferta comercial durante horas, días o semanas... Todos hemos tenido la experiencia de recibir una noticia, una invitación, o una oferta de forma recurrente en nuestro ordenador o en el teléfono móvil, de alguien o de alguna empresa que desconocemos, sin haberla solicitado, y por supuesto sin haber mostrado el más mínimo interés por esas ofertas.

Entonces, podemos preguntarnos, ahora que ya conocemos el origen de ese exceso de información y de publicidad, ¿por qué tienen tanto interés esas empresas y organizaciones en regarnos y bombardearnos constantemente con su información, sus anuncios, o sus ofertas?

La respuesta tal vez podemos encontrarla en la forma en cómo se ha diseñado el Sistema para mantenernos vigilantes y atentos, casi sin descanso, pues el sistema siempre quiere "más"; más noticias, más eventos, más ofertas; en definitiva, más consumo; pues no debemos olvidarnos que estamos en la sociedad de consumo y los ciudadanos somos, ante todo, los agentes consumidores.

La intención de todas estas fuentes de información es clara: es hacer dependientes a los consumidores de toda esta comida digital, manteniéndolos permanentemente ansiosos y expectantes de la próxima noticia o del próximo evento. En realidad, este proceso, constituye un argumento y un modelo de negocio muy potente para estas empresas que necesitan vender cada día más y más; "the show must go on", (el espectáculo-negocio tiene que seguir, como dice la canción de la banda "Queen").

Podemos hacer un ejercicio de observación nosotros mismos y comprobar en el día a día, cómo estamos hiperconectados al ordenador, al teléfono móvil, al whatsapp, a instagram, a los periódicos, a la televisión, al correo electrónico, y a los mensajes de todo índole comercial, social, personal, o institucional, a la espera, de que llegue la última noticia, el último mensaje, la última oferta o el último premio que nos ha llegado y que no sabemos ni tan siquiera de dónde procede… Literalmente, estamos asediados las 24 horas del día por tal cantidad de información de todo tipo que realmente nuestro cerebro ya no es capaz de analizar y comprender lo que ocurre, como muestran diversos estudios últimamente, que se han volcado sobre este fenómeno.

Es interesante y pertinente lo que dice el escritor y experto en tecnologías de la información (IT), Nicholas Carr en su libro "Lo que internet está haciendo a nuestros cerebros". En realidad, el libro vino después de un artículo que él mismo publicó en 2008 en la revista "the atlantic" (que tuvo una gran repercusión en los medios y en la industria digital) titulado, "¿Está Google haciéndonos estúpidos?" En el libro, que fue un bestseller en 2010, hace un análisis y una crítica exhaustiva sobre cómo las GAFAM están modificando nuestros circuitos neuronales alterando nuestras capacidades de atención y de concentración y dopando nuestro cerebro de cantidades más y más copiosas de dopamina, que como sabemos, es la hormona del placer momentáneo, para volvernos cada vez más adictos a la información o a las "fake news" (noticias falsas) que tanto le gustaba repetir al expresidente Donald Trump.

Por otra parte y no menos importante, el Big Data (los datos) se han convertido en la nueva fuente de petróleo de las grandes corporaciones de internet, ya que al estar constantemente conectados estamos dejando una huella y un rastro que numerosas empresas están sabiendo aprovechar para uso propio o para conseguir beneficios vendiendo nuestros datos e información personal a otras empresas como se vio en el conocido caso de Facebook y la venta de datos personales a la empresa Cambridge Analytica.

Cada vez que consultamos una noticia o cualquier otra información, cada vez que compramos algo por internet, cuando vemos un vídeo en YouTube etc... Estamos dando información a muchas empresas en la red, estamos siendo rastreados, monitoreados, recolectados, y archivados, sin saber al final, donde irá a parar esa información, es decir, nuestros datos, nuestra información personal y más íntima. Esto, va a posibilitar una vigilancia global continua y permanente indeseable. Por ello, cada vez que consulto alguna información o busco algo en concreto en internet donde te piden sistemáticamente de aceptar las "Cookies", siempre digo que no, que no acepto y recomiendo lo mismo.

ADICTOS

Los nuevos dispositivos móviles como los nuevos teléfonos móviles, las tablets, los ordenadores portátiles, los ipods, los asistentes personales como Siri o Cortana se han convertido en poco tiempo en nuestros mejores compañeros de viaje, en esta era tecnológica cuya característica principal es igualmente la movilidad, que nos permite estar conectados las 24 horas, los 365 días del año, en cualquier parte, en todas partes, en todo el mundo. Este nuevo fenómeno que se ha convertido en el signo de nuestro tiempo y de nuestras vidas, produce en ocasiones unas consecuencias indeseables como ilustra la siguiente anécdota: hace unos días estaba viendo una entrevista que hacía una periodista en la calle, en un canal de televisión, típica del verano y por tanto en tono desenfadado; la periodista en cuestión hacía la siguiente pregunta a los viandantes "¿qué preferiría Vd. quedarse una semana sin ver a su novia o quedarse sin el teléfono móvil? ¡Sorprendentemente, la mayoría de los encuestados respondieron que preferían quedarse sin ver a la novia durante una semana a quedarse sin el teléfono móvil!"

La anterior anécdota nos sugiere la siguiente reflexión: ¿Es posible que la tecnología y los diferentes dispositivos móviles actuales hayan entrado en nuestras vidas de manera que forman ya parte imprescindible de nosotros, y en ocasiones nos cueste distinguir si somos nosotros o la tecnología, tal es la forma en que ha penetrado en nuestras vidas y tal es la simbiosis que se ha producido entre el hombre y la máquina? ¿Acaso esta intromisión, a veces voluntaria y la mayor parte del tiempo dirigida y guiada está haciendo que hayamos cambiado de pronto nuestros valores, haciendo que prefiramos con frecuencia la compañía de una máquina o un dispositivo a una relación humana y real, como hemos comentado en la anécdota anterior? La tecnología se está convirtiendo cada vez más, no ya en un compañero de viaje o una ayuda útil, sino que la estamos interiorizando de tal forma que está separándonos del mundo y desconectándonos a mayor velocidad, de nuestras experiencias humanas.

Si hay algo que cualquier empresa tiene claro para tener éxito y permanecer en el tiempo, es el control de la fidelización; es decir, hacer y poner todos los medios a su alcance para que sus clientes y sus admiradores les sean fieles el mayor tiempo posible. Los departamentos de Marketing digital y la división de ventas lo saben muy bien, y por este motivo se emplean a fondo con el fin de conseguir este objetivo e ir ensanchando su base de clientes y adeptos. Para ello, los departamentos de investigación y desarrollo también juegan un papel importante en esta partida, pues se encargan de idear, investigar y probar aquellas técnicas y protocolos que contribuyan y complementen al departamento de Marketing, para obtener cada vez más clientes y que estos sean más fieles.

Tomemos como ejemplo Facebook; seguramente muchos de nosotros cuando entramos en su web nos hemos encontrado con alguna pregunta como esta: "¿En qué estás pensando Juan?" a lo que a veces he respondido, "¡y a ti qué te importa!" ... o tal vez, se hayan encontrado con esta otra "sugerencia", "conecta con Antonio pues los dos conocéis a Pedro" ... (?) y yo me he preguntado, y ¿por qué tengo que conectar con Antonio solo porque lo diga Facebook?... La finalidad está clara y forman parte de la estrategia de la empresa para que la rueda siga funcionando y cada vez tengan más adeptos y finalmente más clientes.

Llegados a este punto es del todo oportuno citar las declaraciones que hizo en su día Sean Parker, antiguo presidente y fundador de Facebook cuando declaró en un evento de Axios que "Facebook fue creado para explotar una vulnerabilidad de la psicología humana"; el razonamiento que tuvieron al crear esta aplicación de contactos fue, "ver cómo hacemos para lograr consumir el máximo de tu tiempo y de tu atención consciente que sea posible. Para ello, tenemos que darte cada cierto tiempo un toquecito de dopamina (hormona enormemente adictiva), bajo la forma de un "me gusta" o una foto o un comentario, para que el usuario responda y retroalimente el dialogo o la conversación entrando así en un bucle casi sin fin, pues nada alimenta más nuestro ego que un "me gusta" o un comentario positivo. Al final de la entrevista, el periodista le pregunta qué consecuencias cree él que traerá todo esto, y Sean Parker responde: " Literalmente cambia tu relación con la sociedad; sólo Dios sabe lo que le está haciendo al cerebro de nuestros hijos"y acaba diciendo: "la tecnología no siempre crea beneficios para el conjunto de la sociedad".

En las redes sociales, que tanta importancia e influencia tienen sobre todo en los jóvenes, podemos encontrar invitaciones pintorescas como en Instagram del tipo "sigue a fulanito" o aún, "todavía no has respondido a la invitación que te hizo hace unos días menganito", o la insistente invitación para que subas más fotos a tu perfil, por si acaso no te han visto bien en la foto que ya tienes puesta; las alarmas y avisos constantes para que estés conectado llegan en ocasiones a ser motivo de acoso y hasta podrían ser denunciadas esta clase de prácticas diarias. Algo parecido, si no más tóxico, llegan a ser aplicaciones como "TikTok" o incluso "Whatsapp" donde diariamente se intercambian millones de fotos y mensajes entre sus miembros para mayor alegría y satisfacción de sus creadores y gestores, las grandes plataformas digitales, que ven que sus estrategias y sus empresas están funcionando y van viento en popa.

Capítulo aparte merece la industria de los "videojuegos", cuya importancia económica y social es tal, que las empresas del sector han llegado a facturar en 2021 la nada desdeñable cifra de 175.000 millones de dólares, con un crecimiento del 20% sobre el año anterior, según la consultora especialista en este sector Newzoo. El regalo más demandado en las pasadas fiestas de Navidad fue la silla "gamer" (jugador), que es una silla acolchada y muy confortable para imitar a los jugadores profesionales y poder asistir a las "E-Sport" (competiciones) globales que se celebran periódicamente en grandes espacios, donde acuden miles de "gamers" y pasan dos o tres días compitiendo sin horarios, es decir en abierto, y que todos hemos visto alguna vez en televisión u otros medios.

Lo interesante para la industria del videojuego es su poder multiplicador casi exponencial ya que cada cierto tiempo lanzan un nuevo videojuego, que se convierte rápidamente en verdadero fenómeno de masas como los juegos "Fortnite" o "Call of Duty: Warzone" que además de generar por ellos mismos unas grandes ganancias para las plataformas, posteriormente derivan en las redes sociales donde hacen e intercambian sus comentarios sobre tal o cual aplicación o competición, e incrementan de forma notable el tráfico y la audiencia de estas aplicaciones y dispositivos; llegando a crear verdadera adicción entre muchos de sus usuarios, como ocurrió recientemente en Japón, donde un joven murió súbitamente después de haber estado jugando ininterrumpidamente y sin salir de su habitación, durante 72 horas, y por supuesto, sin dormir.

Se ha probado científicamente en repetidas ocasiones, que tanto las redes sociales, como los videojuegos y alguna otra aplicación generan adicción; unas más que otras, según la mayor o menor implicación que tengan los usuarios y el grado de sofisticación que tenga la propia aplicación para, precisamente generar adicción. Varios científicos han probado que la satisfacción que genera el uso de estas aplicaciones y videojuegos es comparable o más, si cabe, al placer que genera una buena comida, una sesión de entrenamiento, o incluso la práctica del sexo. Han podido observar con técnicas de resonancia y tomografía cerebral cómo las descargas de hormonas como la dopamina y la serotonina, sustancias altamente adictivas, creaban un círculo de adicción comparable al de otras drogas, por lo que el uso y disfrute de estos dispositivos se vuelve cada vez más usual y recurrente; que es precisamente, lo que quieren las empresas creadoras de estas aplicaciones y que además saben de la adicción que generan sus invenciones.

Estas innovaciones altamente adictivas provocan varios efectos nocivos, desde nuestro punto de vista: por un lado, tienen una gran influencia en la retención de la Atención, es decir, consiguen a través de los múltiples estímulos constantes que nuestra atención vaya de un lado a otro y de una pantalla a otra, siguiendo el patrón de la propia aplicación; con lo cual lo que se consigue, es la retención de la atención dispersa y permanente; nos preguntamos si este ejercicio diario no tiene que ver con el síndrome del TDAH (Trastorno de atención e hiperactividad) tantas veces comentado por profesores, educadores y padres y que afecta cada vez más a miles de jóvenes.

El otro efecto indeseado es, el incremento de nuestra relación con las pantallas y las máquinas, en lugar de con las personas; lo que provoca una distorsión de la realidad ya que en ocasiones lo que ocurre en las pantallas lo proyectamos en la vida real, y, evidentemente no tiene nada que ver la mayor parte de las veces. Este fenómeno que afecta a muchas personas hace que estas no puedan distinguir con claridad lo que está ocurriendo en la vida real y lo que sucede en las pantallas... lo que ocurre con todo esto, al final, es que se llega a unos niveles de magia o de distorsión maníaca, que a la postre, se convierte en tóxico. Más adelante, hablaremos de cómo hay que poner reglas a todo esto, cuando hablemos de la gobernanza; alguien tiene que poner coto a todo esto.

PRIVACIDAD

El derecho a la privacidad y a la intimidad es uno de los derechos fundamentales y prioritarios de las personas. Así lo dispone la Declaración universal de los derechos humanos en su artículo 12: "Nadie será objeto de injerencias arbitrarias en su vida privada, su familia, su domicilio o su correspondencia, ni de ataques a su honra o a su reputación. Toda persona tiene derecho a la protección de la ley contra tales injerencias o ataques".

A menudo me pregunto cuán alejados estamos los ciudadanos y la sociedad de esa magnífica Declaración de 1948 que tanto ha supuesto para la protección y la dignificación del ser humano en todo el mundo. Ya dijimos anteriormente que la tecnología no tiene ética, y además no tiene por qué tenerla ya que no pertenece a su naturaleza. Sin embargo, la tecnología aplicada al ser humano sí que debe seguir ciertas reglas ante el riesgo de que esta pueda llegar a ser perjudicial para las personas; y ya hemos dicho, que la tecnología está aquí para ayudar y facilitar la vida de todas las personas.

Actualmente la conectividad es universal, la tecnología se ha vuelto tan poderosa, tan rápida y extendida que probablemente ya nunca podamos evitar ser observados, rastreados, grabados y monitoreados. Por si faltara algo, el internet de las cosas y nuestros asistentes personales en casa, en nuestros vehículos, en nuestros electrodomésticos, en nuestras calles y en nuestras ciudades, están empezando a saber más de nosotros que nosotros mismos. En China, existen 450 millones de cámaras de vigilancia repartidas por todo el país; eso representa el 56% de los 800 millones de cámaras que hay hoy en todo el mundo. ¿Verdad que será difícil esconderse y pasar desapercibido o buscar el anonimato frente a ese "Gran Hermano"?

Pero volvamos a internet y a nuestro día a día, para ver de qué manera interfiere y nos perjudica la tecnología. Cada vez que consultamos una página web o buscamos el mejor restaurante, o indagamos la mejor ruta para ir de un sitio a otro, estamos dejando una huella en internet o en la nube; y esa huella que hemos dejado queda grabada en los archivos digitales de numerosas empresas, instituciones y organizaciones e incluso en los archivos de la policía; de manera que en ocasiones cuando personalmente he contestado a una encuesta o he realizado una valoración de cualquier producto en internet y he empezado a rellenar el formulario, mis datos ya aparecen por defecto, lo que me demuestra que hay muchas empresas u organizaciones, de las que yo desconozco su existencia, que ya disponen de mis datos más personales como el nombre, dirección, teléfono, etc...etc... transgrediendo descarada e impunemente la ley de protección de datos y la propia Declaración de los derechos humanos a la que hemos hecho referencia anteriormente.

A muchos nos pasa a diario, cuando queremos leer un artículo o una noticia o queremos averiguar alguna información adicional sobre algún tema concreto; sistemáticamente nos aparecen las famosas "cookies" con la advertencia de que solo quieren nuestros datos para atendernos y servirnos mejor o dirigirnos una publicidad más personalizada (??); y yo me digo siempre que no necesito una publicidad personalizada, pues la persona, que soy yo, ya tiene suficiente criterio para ver y escoger los anuncios que me interesen. A nadie se le escapa, que lo que quieren estas empresas es recoger nuestros datos personales, no para hacernos un favor y darnos mejor servicio, sino para disponer de una información muy valiosa, pues todos sabemos que los Datos (el Big Data), se ha convertido en la nueva fuente de petróleo y de valor que todas las empresas desean tener. Algunas de estas empresas obtienen mayores beneficios comerciando, es decir, comprando y vendiendo nuestra información personal, que, con su actividad normal de producción o servicio, como hemos visto en repetidas ocasiones en los informativos o en la televisión.

Podemos imaginar un futuro donde a fuerza de dividir, repartir y distribuir nuestras cualidades humanas más básicas como la privacidad, el anonimato, las emociones, la espontaneidad, la sorpresa, la intuición y la imaginación lleguemos a perder nuestra esencia como seres humanos, en beneficio de unas máquinas y unos sistemas diseñados sutilmente por una élite dominante; ¿cuál es el legado que dejaremos a nuestros hijos y de nuestro paso por este mundo? Por el momento, no quiero conocer la respuesta; pero intuyo que la estandarización a la que nos lleva la tecnología y la globalización, junto a la despersonalización del hombre y de la raza humana, dejaría desprovisto de contenido a ambos; y el hombre como ser único, habría desaparecido de la historia como individuo. Triste final...

Pero hay remedio para este escenario apocalíptico. Si no queremos convertirnos en máquinas, si no queremos ser absorbidos por esta creciente vorágine de cambios tecnológicos, si queremos conservar nuestra esencia más íntima y valiosa como seres humanos, tenemos que empezar a tomar medidas, ¡ya! Tenemos que cuestionar cada vez más, a los jefes de las industrias tecnológicas, a sus ingenieros, y a los tecnólogos responsables de la creación e implantación de todos estos sistemas, con el fin de que puedan respondernos antes de lanzar una nueva innovación, a las siguientes preguntas básicas: "por qué, para qué, dónde, quién y con qué finalidad". No es de extrañar, que algunas de estas poderosas corporaciones se hayan hecho eco de las preocupaciones de los ciudadanos y estén empezando a contratar, no ya únicamente a tecnólogos, ingenieros, físicos o matemáticos, sino que cada vez más, están seleccionando profesionales de las llamadas "humanidades" como a filósofos, lingüistas, sociólogos, psicólogos y especialistas en medio ambiente. Algo se está empezando a mover.

GOBERNANZA GLOBAL

Al igual que existe un organismo como la ONU para regular, negociar, y en su caso intervenir en los conflictos que surgen en el plano político, y como está también el OIEA, organismo internacional de la energía atómica, o la misma OMS, organismo regulador de la salud mundial.

Pensamos que debería crearse igualmente un OIED, Organismo Internacional de la Economía Digital, que sería el encargado de redactar las reglas y las normas acordadas por todos los Gobiernos para el buen funcionamiento y el cumplimiento de unas normas mínimas éticas, que regularían la nueva economía digital y la Inteligencia artificial, y todas las innovaciones e inversiones que tuvieran que ver o afectar a los ciudadanos.

Creemos que esta propuesta es de importancia prioritaria, ya que lo que existe hasta ahora son algunos organismos dispersos en cada Estado que regulan de alguna forma la llamada Ley de protección de datos.

Oportunamente, y es un paso en la buena dirección, el tribunal de la competencia de la Unión Europea ha fallado recientemente en contra de la empresa Google imponiéndole una multa de 4.125 millones de euros, por abuso de posición dominante y por obligar a los fabricantes de teléfonos móviles a insertar de fábrica su sistema operativo Android, actuando con técnicas monopolísticas e impidiendo a la competencia insertar otras aplicaciones.

Nosotros pensamos que hay que ir mucho más allá, e impulsar el Organismo que acabamos de citar para asegurarnos un futuro más ético, equilibrado y hasta más justo en este terreno; ya que nadie desearía que su futuro sea determinado por gobiernos faltos de transparencia y por gobernantes irresponsables, o bien por las élites de Silicon Valley.

Paralelamente, y no menos peligroso para el futuro de la humanidad sería el hecho de llegar a ser guiados y dominados en una gran parte de nuestras vidas, por máquinas inteligentes capaces de aprender por sí mismas a partir del aprendizaje profundo o por súpercomputadores en la nube que ya se están dando, como el software AlphaGo de DeepMind de Google, o el programa Watson de IBM que ya han sido calificados como verdaderas máquinas pensantes. Toda esta tecnología derivada del desarrollo de la inteligencia artificial se está desarrollando a tal velocidad, que hemos podido llegar a la edición de genoma humano, la conducción autónoma de vehículos y aeronaves, y hasta el lanzamiento autónomo de misiles nucleares... ¡da que pensar!

Por ello, gran parte de las decisiones que llevan a cabo las industrias tecnológicas se toman en base a criterios exclusivos de rentabilidad y de eficiencia económica; y estas últimas, como sabemos, no cuentan con un historial demasiado bueno en lo que se refiere a su comportamiento moral o ético, como hemos visto en los últimos tiempos, en los que varias de estas empresas han sido sancionadas con multas relevantes por ese tipo de actuaciones.

Como individuos libres y autónomos tenemos el derecho de seguir siendo naturales; tenemos el derecho a desconectarnos; tenemos derecho a ser anónimos; tenemos derecho a pasar desapercibidos; tenemos derecho a decidir por nosotros mismos; pues cada día, estamos viendo cómo muchas de nuestras acciones y decisiones son condicionadas, guiadas y casi dominadas por las máquinas y la inteligencia artificial; desde reservar una habitación de hotel, hacer la compra en una gran superficie, planear unas vacaciones o incluso influir en nuestra decisión política, a la hora de votar.

La unión hombre-máquina ya no es ciencia ficción y ya existe un "interfaz" que conecta el cerebro de una persona con un ordenador para cooperar o tomar decisiones conjuntas que a día de hoy aún no sabemos a dónde nos llevará todo esto. Personalmente, prefiero conservar mi cerebro y mi conciencia original, de manera que mi verdadera personalidad no se vea alterada por este tsunami tecnológico en el que hemos entrado. Espero y confío, que el organismo OIED, organismo internacional de la economía digital pueda ver más pronto que tarde, la luz, y de este modo, poder seguir avanzando por un camino más sano, más predecible y más justo para la humanidad.

CAPÍTULO SEIS

EL SISTEMA EDUCATIVO

"Nos educan para ser productores y consumidores, no para ser hombres libres". (José Luis Sampedro)

El sistema educativo constituye el pilar principal sobre el que se construye el edificio (la personalidad) del individuo y de la sociedad. Su importancia es tal, que al igual que las fundaciones de un edificio si no están bien hechas, pronto aparecerán defectos estructurales y podría incluso derrumbarse; las bases y la calidad de la educación que recibirán los ciudadanos debe ser de la máxima excelencia, pues a la postre, tanto los ciudadanos como el país se beneficiarán de altos niveles de progreso y de bienestar, como hemos visto en repetidas ocasiones en los países que han aplicado estas políticas de excelencia.

Quiero dejar claro que, al hablar del sistema educativo, mi intención no es hacer un análisis exhaustivo de los distintos programas o asignaturas que se imparten en los distintos sistemas de educación de cada país, pues al no ser yo mismo educador, podría adolecer de ciertas imprecisiones y carencias que debilitaría, seguramente, hacer una crítica objetiva. Sin embargo, como padre, y habiendo pasado largos años por las aulas en sus diferentes niveles, creo estar en condiciones de hacer una crítica sobre las carencias o los complementos no estrictamente académicos, que habría que aportar al sistema para mejorarlo y perfeccionarlo.

Uno de los principales problemas que afrontan los sistemas educativos de algunos países, es que su estabilidad y su progreso, vienen determinados por los sucesivos cambios de los partidos en los gobiernos. De tal manera, que cuando un partido político gana las elecciones y toma el gobierno, una de las primeras cuestiones que se plantea, es cómo cambiar el sistema educativo del momento, por otro, que esté más de acuerdo con su ideología y que se acomode mejor a sus intereses.

Ahí están los ejemplos de los últimos 40 años, donde se han cambiado diferentes leyes en el sistema educativo español, según el gobierno de turno, pasando de la LOECE de 1980, la LODE, la LOE, la LOMCE, etc… hasta llegar a la LOMLOE actual. Esta sopa de siglas lo único que ha demostrado es la incapacidad y la confrontación existente entre los partidos políticos para acordar una Ley de Educación estable y duradera que habría beneficiado por igual a los alumnos y a la sociedad en su conjunto, como ocurre en países como Finlandia, Alemania, donde el sistema educativo lleva más de 40 años de estabilidad, a pesar de los sucesivos gobiernos que han tenido.

Estos continuos cambios en las leyes, no son nada beneficiosos para los alumnos, ni para los profesores, ya que ni unos ni otros, tienen tiempo suficiente para digerir y asimilar estos cambios. Ahí están los resultados del programa internacional de evaluación de la OCDE, conocido como sistema de evaluación PISA, donde España en concreto, obtiene sistemáticamente, muy bajos resultados.

Si partimos de la base que casi todos los sistemas educativos tienen unos contenidos análogos, es decir, parecidos, con unas asignaturas troncales como lengua y matemáticas, y otras opcionales como religión, o sociales, el problema principal, no creemos que venga tanto de los contenidos o de las asignaturas de los distintos programas, como de la falta de atención y de poner el foco en las competencias que debe desarrollar el alumno para poder desenvolverse adecuadamente el día de mañana en la sociedad. Y en este sentido, aplaudimos el giro que se está llevando a cabo en los últimos tiempos para centrar más la educación en las competencias que desarrollar, que en los contenidos que aprender; la educación no debe ser un cubo que hay que llenar, sino un fuego que hay que alimentar.

En este sentido, vemos con buenos ojos el giro del que hablamos, que se está implementando para dotar a los alumnos de competencias más que de contenidos; de competencias lingüísticas, de competencias matemáticas y científicas, de competencias digitales, de competencias sociales e interpersonales, de competencias emprendedoras, y de competencias artísticas, por poner sólo algunos ejemplos destacados. Estas son las competencias que la sociedad va a requerir de los futuros ciudadanos cuando se integren en el proceso productivo y de servicios el día de mañana.

Estamos entrando en un cambio trascendental en el concepto de la educación, tal como lo vienen señalando algunos expertos como el psicólogo americano Howard Gardner con su teoría de las "inteligencias múltiples", o el experto en educación fallecido recientemente, Sir Ken Robinson, quien en una de sus conferencias dijo "¿Mata la escuela la creatividad?" (Video en YouTube, 6 millones de seguidores; este es el enlace, (https://www.youtube.com/watch?v=nPB-41q97zg). El concepto clásico de los test de inteligencia que se ha venido aplicando durante varias décadas para evaluar la inteligencia y las capacidades de un individuo ha cambiado. Tal como dicen estos dos autores, la inteligencia no es solo racional y lingüística, sino que, según Howard Gardner, existen hasta nueve tipos de inteligencia, que él califica como inteligencia matemática, espacial, kinestésica, musical, artística, etc...

Por otra parte, Ken Robinson, hace hincapié en la conferencia aludida anteriormente, en que la valía de una persona no se puede decidir únicamente en un examen de fin de curso, sobre unas materias estándar; según él, las personas somos como un calidoscopio multiforme; y es a la propia persona y a los profesores a quien compete el descubrir cual o cuales son las mejores competencias y habilidades que posee esa persona, o dicho de otro modo, cuál es su mayor Talento; y aquí es donde entra de lleno la figura del Tutor; que por su importancia, como descubridor de los dones ocultos de los alumnos, debería poseer una relevancia excepcional en las escuelas. A continuación, veremos por qué.

Además, existe un factor a tener en cuenta cada vez más, y es que dado el ritmo acelerado y exponencial al que está progresando la tecnología, se está produciendo en los últimos años una divergencia progresiva entre muchos de los programas de estudios de muchas escuelas, universidades y escuelas de negocios, cuyos contenidos se van quedando atrasados y obsoletos, al no evolucionar a la misma velocidad que la ciencia y la tecnología.

En realidad, en muchos ambientes académicos y profesionales corre con mayor frecuencia la sensación, expresada por varios de estos profesionales y también por directores de empresas, de que la formación que están recibiendo los alumnos y futuros aspirantes a un empleo, se adecua cada vez menos, a las necesidades requeridas por los actuales puestos de trabajo. Estamos formando a ciudadanos en competencias que no se requerirán mañana; se está preparando a los candidatos para unos puestos de trabajo que no existirán en el futuro; en lugar de prepararlos para las nuevas funciones y competencias que están generando las nuevas tecnologías. Por ello, actualmente, existen miles de puestos de trabajo sin cubrir en las empresas, especialmente tecnológicas, al no encontrar candidatos suficientemente preparados para ello.

EL TALENTO

La mayoría de las empresas y las instituciones están inmersas hoy día en una guerra por el Talento. Todas quieren atraer, retener y consolidar, el mejor talento del mercado. Personalmente, y habiéndome dedicado una buena parte de mi trayectoria profesional al área de recursos humanos, nunca he visto como ahora, tanto interés y tanta pasión por el talento; pero ¿qué tiene esta cualidad humana que genera tanto interés?, podemos preguntarnos ¿qué es el talento?

El Talento es aquella habilidad especial y diferente que poseen las personas para desarrollar una tarea en un campo determinado, y que las diferencias del resto, haciendo fácil lo que para la mayoría es difícil.

Existen muchas definiciones del talento, pero esta, me parece la más adecuada. Las personas estamos desarrollando nuestro talento cuando realizamos una tarea con especial destreza y habilidad, cuando hacemos una cosa por instinto, de forma espontánea, cuando nos provoca una especial atención; estamos en nuestro talento, cuando otros nos valoran y nos elogian en lo que estamos haciendo, cuando sentimos que estamos haciendo lo que mejor se nos da, cuando creemos, incluso, estar predestinados para ello; como le ocurrió al expresidente Winston Churchill cuando un periodista le preguntó si estaba contento por haber sido elegido presidente a los 66 años; "francamente, contestó, creo haber estado preparándome toda mi vida para esto".

Si convenimos que el talento es aquello que mejor sabemos hacer, lo que mejor se nos da y lo que nos hace más felices, mi pregunta es,

¿por qué en las escuelas se le da tan poca importancia a este aspecto, a este don que poseemos todas las personas en distintos campos, y sin embargo, se llena la cabeza de los alumnos de tantos y tan variados contenidos, como si de llenar un cubo de agua se tratara?...Lo dejo para la reflexión; pues considero que es un asunto de la máxima importancia, si queremos tener ciudadanos satisfechos, equilibrados y felices; ya el escritor valenciano Blasco Ibáñez, apuntaba en su día en este sentido cuando dijo, "el gran desbarajuste y la gran frustración que existe hoy en nuestras sociedades, se debe, en gran parte, a que casi nadie se dedica a aquello para lo que sirve".

¿Cómo descubrimos nuestro talento? A esta pregunta podemos encontrarle respuesta en alguno o en varios de estos ámbitos: en nuestro entorno familiar, cuando alguien nos ha hecho algún cumplido sobre lo bien que hemos hecho algo; en el ámbito escolar, cuando algún tutor o profesor nos elogiado en alguna asignatura o en algún trabajo realizado; en el ámbito profesional, cuando algún colega o algún jefe nos ha premiado por el buen desempeño en un área concreta; finalmente, en el área personal cuando al realizar una tarea determinada nos hemos sentido muy satisfechos y casi emocionados por la satisfacción que hemos sentido.

Podemos observar que a pesar de que la mayor parte de las veces el talento permanece "oculto bajo la superficie", como dice Ken Robinson; esto ocurre porque el talento es algo natural, es el don con el que venimos a este mundo, y, por lo tanto, salvo raras excepciones, como ocurre con los genios, este permanece oculto, no le damos importancia, pues actuamos de forma natural y por lo tanto pasa desapercibido.

En algunas ocasiones, el ambiente, el medio en el que nos desenvolvemos tampoco es el más propicio para hacer brillar nuestro talento y hacer que florezca, como tantas veces hemos visto en algunas personas que han tenido que emigrar, y es en ese nuevo entorno y en esas nuevas circunstancias, donde han encontrado la tierra abonada para que su talento brillara; los ejemplos, son sobradamente conocidos en sectores como la ciencia, las artes, o la empresa.

Por eso el talento es tan valioso, y tantas empresas e instituciones se lo disputan, como dijimos anteriormente, ya que "el genio es como el oro oculto en la mina y el talento es el minero que trabaja para extraerlo", como dijo Marguerite Blessington. Y los responsables de sacar a la luz este valioso recurso (posiblemente el más preciado) son: la escuela, las autoridades, las empresas, los tutores, que, desde nuestro punto de vista, son los que mejor y más cerca están del talento.

Hoy nadie discute la importancia de esta relevante cualidad individual, pues proporciona al que la posee una satisfacción y un propósito de vida inestimable; y del lado de la sociedad, entrega un recurso de gran valor que contribuye a mejorar la productividad, a aumentar el clima de bienestar general de los ciudadanos, y marca la diferencia con otras sociedades y países, que todavía no le han dado la importancia que merece. Por tanto, la educación y el ámbito en el que se desarrolla, debe recibir todos los medios y los recursos necesarios para hacer crecer este valor, cosa que, a nuestro juicio, algunos gobiernos han hecho bien poco hasta ahora.

HEROES - ANTI-HEROES

En la antigua Roma los gladiadores y los corredores de cuadrigas eran sumamente apreciados y valorados. En la actualidad, los nuevos ídolos son los futbolistas, los tenistas, los cantantes, los corredores de fórmula uno, los actores; si bien, han aparecido nuevos ídolos como los influencers, los youtubers, los marcadores de tendencias, los hackers, los predicadores de toda clase y asunto...

Es cierto que los gladiadores en la antigüedad gozaban de ciertos privilegios y eran muy admirados por su forma física, su fortaleza, su habilidad para la lucha, y su disciplina en el entrenamiento y en la dieta. Sin embargo, esas ventajas de las que gozaban, poco tienen que ver con los privilegios y ventajas de los que disfrutan muchos de los personajes que acabamos de citar, en nuestro mundo moderno. Porque, ¿Cómo es posible, como citamos al principio del libro, que, a un futbolista famoso, se le pague una habitación de hotel en París, con un coste de 17.000 euros la noche, durante varias semanas hasta que encuentre casa? O ¿Cómo es posible que muchos jóvenes futbolistas, que no han seguido una formación y una educación mínima, puedan exhibirse con esos coches de lujo y esas mansiones valoradas en varios millones, o que anualmente ganen decenas de millones de euros, cuando la mayoría de la población tiene grandes problemas para llegar a fin de mes; y cuando cientos de miles de personas están pasando a engrosar las listas de la pobreza en muchos países desarrollados?...

¿Qué valores estamos inculcando a los jóvenes de hoy? ¿Qué estímulo o qué motivación puede tener un joven graduado para pasar 6-8 años preparando una oposición a un puesto de la Administración del Estado, para recibir, una vez conseguido el puesto, un salario de dos mil o tres mil euros? O ¿Qué argumento puede tener un autónomo para desarrollar su actividad, cuando después de trabajar jornadas de 14 o 16 horas, ve, ¿cómo su negocio se tambalea y aún en el caso de obtener beneficios no puede hacer frente a la presión de Hacienda o de la Seguridad social?

¿Qué decir de ese investigador que tras largos años de estudios y de práctica no puede tener una vida más que digna, y unos ingresos acordes con la importancia de su investigación y su trabajo, y tiene que contentarse con lo que le ofrece el sistema; cuando es precisamente el sistema quien se verá beneficiado por los inventos, por los descubrimientos o por las vacunas que alguno de ellos descubrirá en el futuro, ¿y que beneficiarán enormemente a toda la sociedad en su conjunto?...

¿De qué valores estamos hablando? ¿Qué mensaje estamos trasladando a nuestros jóvenes, una vez se hayan dado cuenta del tremendo engaño al que han sido sometidos?

En mis largos años trabajando como seleccionador de personas, con frecuencia observaba, que a pesar de que muchos candidatos poseían las capacidades técnicas y profesionales necesarias para ocupar un puesto, en numerosas ocasiones observé que algunos de esos candidatos, supuestamente idóneos; carecían, sin embargo, de algunos valores de vida y como personas íntegras, que nuestros clientes demandaban. Quiero decir con esto, que una persona puede ser muy buena y competente en su parcela, pero si carece de valores, entonces, no sirve para ese cometido.

Todos hemos visto o tenemos información de que tal o cual persona ha dedicado su vida a ayudar a los demás, a colaborar desinteresadamente en una de tantas organizaciones benéficas, ONG, o en cualquier otra organización o institución cuyo cometido es ayudar al prójimo y de paso ayudar a mejorar un poco más este mundo y a los menos favorecidos desde el punto de vista económico, social o de la salud.

Queremos poner en valor precisamente esa clase de actitudes, de esos miles de personas cuyo cometido vital, no es acumular riqueza sin otro objetivo; sino, justamente, participar activamente e implicarse en colaborar con la comunidad local o de otras regiones, con el fin de hacer de este mundo, un lugar más amable y más justo.

Estos son los valores que nuestros jóvenes habrían de recibir en la escuela, en sus casas, y en el trabajo, en lugar de admirar y casi venerar, a esos ídolos de papel que muestran un mundo y una vida totalmente irreales, y cuyo modelo no contribuye en nada a mejorar la vida de millones de personas.

CLASES DE REMO

No me estoy refiriendo aquí a sí habría que implantar clases de remo en los colegios; que, por otra parte, tampoco sería mala idea para honrar a ese bello deporte lleno de nobles cualidades como el esfuerzo, la constancia, o el trabajo en equipo, habilidades hoy muy demandadas por las empresas; sino que me estoy refiriendo a otro tipo de enseñanzas más importantes y esenciales, desde mi punto de vista, para tener éxito y ser feliz en la vida. Me estoy refiriendo a que en los colegios se deberían implantar dos asignaturas: Relaciones-Emociones; de ahí, el acrónimo que he acuñado como REMO; pues considero que adquirir conocimientos y saber desenvolverse en estas dos parcelas es desde todo punto de vista crucial, para formar ciudadanos con buena autoestima y suficientemente equilibrados para la vida.

Me explico; todos hemos visto en algún reportaje de televisión, o incluso hemos asistido personalmente a algún episodio de peleas entre jóvenes por haberse sentido ofendido o rechazado alguno de ellos, o por simple envidia o por casos del llamado "bullying". Igualmente, se nos ha informado por parte de algún conocido o familiar, de algún caso de acoso en las redes sociales, o incluso, de algún chantaje sufrido por alguna chica por haberse expuesto demasiado en plataformas como Instagram, TikTok o alguna otra similar. Karen Stone, directora de la escuela Nueva Learning en San Francisco dice: "De hecho, la alfabetización emocional es tan importante como el aprendizaje de las matemáticas o la lectura".

Pienso que debemos educar a los estudiantes en primaria y secundaria en "Inteligencia Emocional", frase y libro acuñados por Daniel

Goleman hace más de veinte años. No puede ser que estemos construyendo una sociedad de ciudadanos permanentemente cabreados, diariamente en estado de alerta frente a agresiones reales o ficticias, sobradamente envidiosos del vecino, periódicamente agresivos contra la sociedad y sus conciudadanos, desgraciadamente celosos de los éxitos de amigos o conocidos, constantemente reivindicando el sistema. Porque estos patrones de comportamiento se aprenden y se desarrollan desde la infancia, más tarde en la adolescencia y finalmente quedan instalados en la edad adulta. Una sociedad con semejantes componentes y actores no funciona; es una sociedad enferma y hay que tratarla desde el origen: la escuela y los padres. Por algo, estamos entrando, guardando el paralelismo con la economía, en lo que James Read ha declarado últimamente en este campo, y lo describe como "La era del Desorden", es decir, una era que va a traer desorden e incertidumbre, guerras frías, volatilidad generalizada, tecnología por todas partes, y lucha entre generaciones.

Para que este desorden y esta sensación de caos generalizado no se instalen de forma permanente y lleguen a enquistarse en nuestras sociedades, existen dos "herramientas" que pueden ayudar e impedir que este fenómeno se vuelva crónico de algún modo. Las herramientas a las que aludimos, son dos: primero, el control de las emociones propias, y segundo, el aprendizaje en habilidades sociales y de relación personal. Y es aquí, donde entran de lleno y cobran un papel relevante dos profesionales capacitados para este desempeño como son: el psicólogo y el tutor. Entendemos que todas las escuelas deberían contar con la colaboración de dichos profesionales, que de alguna manera ya existen, pero de una forma muy precaria y deficiente, a nuestro juicio y al parecer de muchos padres.

Toda escuela debería contar con la presencia de un psicólogo que es el profesional experto en formar a las personas a conocerse a sí mismos y a reconocer a los demás, en el manejo y control de las emociones propias y las de las otras personas. Observamos a diario cómo las emociones primarias y básicas del ser humano, como la rabia, la envidia, la tristeza, la alegría, la agresividad, la frustración, son las grandes desconocidas para las personas y cómo un control deficiente de estas, son causa de numerosos, malentendidos, disputas, celos, agresiones...etc, que vemos a diario en los colegios y fuera de estos, precisamente por esa falta de conocimiento y de autocontrol del que la propia persona carece con frecuencia. Esta deficiencia que tantos problemas genera en las relaciones humanas, nos reafirma en la necesidad de la figura del psicólogo y el mediador que debería ser ineludible en todos los centros de formación.

Por otra parte, la figura del tutor, aunque sabemos que existe, es igualmente deficiente ya que, en numerosos centros, es el propio profesor el que hace las veces de tutor de su propia clase y de otras más que no son las suyas; por lo que la atención y la dedicación que se requeriría para prestar la necesaria ayuda y hacer de guía de los alumnos, queda de igual modo, fuertemente mermada. Todos conocemos la importancia de esta figura en el sistema educativo, en los centros deportivos, en el área artística, donde hemos visto cómo personas que han triunfado y alcanzado las máximas cuotas de reconocimiento profesional, han tenido detrás la figura de un tutor que ha sabido reconocer su talento, que les ha guiado y les ha motivado para alcanzar las metas propuestas.

La educación no puede ser un proceso de homogeneización y producción de copias estándar de individuos puesta al servicio del sistema capitalista; esto fue válido a finales del siglo XVIII con el comienzo y desarrollo de la industrialización, cuando el sistema educativo se creó a imagen y semejanza del sistema productivo, para que las empresas y las grandes corporaciones tuviesen suficientes reservas de ciudadanos preparados y listos para servir al sistema de producción vigente. Lo que debe formar el sistema educativo son ciudadanos libres y críticos y con suficiente autoestima para que, en un futuro, estos se conviertan en personas felices. Y es evidente a la vista de los resultados, que el sistema actual no lo ha conseguido o ha resultado en una pobre caricatura.

Soy lo suficientemente realista, como economista, padre y consejero de empresas, para no creer en deseos o idealizaciones de lo que debería o podría ser un sistema educativo, a todas luces mejorable; y que aún siendo sabedor que los recursos dedicados al sistema hoy son insuficientes, estimo que existen los recursos económicos necesarios, para que los Gobiernos resten medios a otras partidas del presupuesto nacional (como los dedicados a la Administración general del Estado, con sus miles de puestos de trabajo improductivos, o los cientos de asesores de toda clase, o aún, las decenas de instituciones y organizaciones oficiales ineficientes, que sólo sirven para engrosar la gran maquinaria de los gobiernos y las filas de los partidos políticos, siempre ávidos de reclutar nuevas incorporaciones para engordar las listas que ellos mismos han creado).

Existen otras partidas en el presupuesto nacional donde se puede meter la tijera y recortar gastos, aunque esta, es la que nos parece más relevante por su falta de productividad y contribución al bienestar de los ciudadanos. Los ejemplos, son sobradamente conocidos y hemos eludido deliberadamente, los numerosos casos de corrupción habidos, precisamente por la falta de control y la desidia de algunas partes de la citada Administración general y de las autonomías. Hay muchos recursos cautivos en esta parte de los gobiernos que se podrían destinar a la mejora del sistema educativo.

CONCLUSIÓN

OTRO SISTEMA ES POSIBLE

Entre una sociedad abierta, libre, tolerante y democrática y una sociedad cerrada, represiva y dictatorial, tal como las describimos al principio de este libro, preferimos, sin lugar a dudas, una sociedad abierta.

El problema que existe y que va a más, es la deriva en la que han entrado muchas sociedades y Estados democráticos en los que estamos observando en los últimos tiempos, que el sistema y los subsistemas que emplean para que sus sociedades funcionen, no lo hacen correctamente, y estos sistemas están siendo aprovechados y manipulados por unas pocas Élites que son las que en realidad, mueven los hilos y los resortes del sistema, influyendo, manipulando y dictando las normas y los mecanismos sobre cómo tiene que funcionar el sistema; por supuesto, en beneficio de estas privilegiadas élites y no en beneficio de la comunidad y de todos los ciudadanos.

Para que otro sistema más justo y más ético pueda ser implantado, necesitamos inundar de ética y de valores a toda esta élite formada por las plataformas tecnológicas, los cárteles económicos y financieros, la política y los políticos que nos están manipulando a diario, y cuyo único y exclusivo fin es ganar dinero, tener el control y obtener beneficios a nuestra costa y mantener al ciudadano permanentemente dominado.

Para ello, propongo implementar 4 medidas de relativa fácil aplicación pues bastarían unas decenas de miles de votos para que vieran la luz, estas son:

Primero: Hay que crear una nueva Entidad reguladora entre todos los Gobiernos y en cada Estado, que se encargue de establecer las normas del juego y dictar las reglas para poder operar en sociedad sin perjudicar a la ciudadanía. El nombre con el que llamaríamos a esta nueva Entidad sería el MEN, es decir, "Ministerio de la Ética de los Negocios".

Pues al igual que ya existen otros Ministerios como el Ministerio de Consumo, para regular la seguridad de los alimentos y garantizar las buenas prácticas en el comercio, así como también existe una CNMV, es decir una Comisión Nacional del Mercado de Valores, para garantizar la idoneidad y la seguridad en las transacciones financieras; del mismo modo pensamos que se debería crear el Ministerio de la Ética de los Negocios para garantizar la seguridad y la justicia en las transacciones económicas y sociales y velar por el cumplimiento de la reglamentación vigente, y en caso de incumplimiento aplicar las sanciones oportunas.

Segundo: Una de las medidas que proponemos para reducir progresivamente la Desigualdad, sería el aprobar una norma por consenso entre las grandes corporaciones empresariales y los sindicatos, por la que se aprobaría que el sueldo del CEO de cualquier corporación no sobrepasara 100 veces el salario más bajo de cualquier empleado; y no 500 o 1000 veces como ocurre en la actualidad; ya hay empresas que están empezando a aplicar este principio. Al mismo tiempo, se podría aumentar poco a poco los salarios más bajos con el remanente de la clase dirigente. No vayamos a darle una vez más la razón a Karl Marx cuando dice que "los beneficios de los empresarios son la apropiación de una parte del trabajo y el esfuerzo de los trabajadores".

Tercero: Las sanciones acordadas y dispuestas en ese nuevo reglamento de ética de los negocios tendrían que ser aplicadas por el MEN, que hemos mencionado anteriormente, y que tal como ocurre por ejemplo en el sector financiero cuando un banco se sobrepasa en su actuación y es sancionado por el Banco Central de ese país, se le pone una multa, y a continuación sigue haciendo de las suyas, pues la sanción no constituye más que un pellizco a los inmensos beneficios que obtienen; entonces, la autoridad competente, en este caso el MEN, establecería una norma que dictase que con tres sanciones, la empresa incumplidora perdería su licencia para operar en el país.

Cuarto: el aumentar los impuestos a las rentas muy altas podría ayudar a solucionar parcialmente el problema de la desigualdad, aunque este punto, presenta alguna dificultad a la hora de aplicarlo: porque, ¿Cómo vamos a aumentar la tributación de las rentas más elevadas, cuando estas clases disponen de mecanismos "legales" para la evasión de impuestos a paraísos fiscales, o mediante fórmulas de sociedades de baja tributación, o aún, mediante el empleo de la ingeniería financiera que suelen practicar las grandes corporaciones para declarar el mínimo de beneficios?

Todos hemos constatado cómo la plataforma Facebook ha perdido casi un tercio de sus usuarios en los últimos tiempos debido a sus prácticas poco sanas y menos transparentes al usar y comerciar con nuestros datos personales sin ningún escrúpulo. Este fenómeno y pérdida de influencia puede repetirse en las otras plataformas y empresas que continúen jugando y despreciando la información personal de los clientes, es más, con nuestra privacidad y con nuestra intimidad. Estamos en una sociedad abierta y libre, pero no todo vale.

Uno de los problemas más importantes, si no el que más, al que se enfrenta la sociedad actualmente y en un futuro, es el problema de la desigualdad creciente entre una gran parte de la población y un reducido número de ciudadanos privilegiados, como hemos explicado en el capítulo primero. Lo cierto es que, la observación más amplia y menos sesgada, constatamos que, en la mayoría de los países democráticos, existe un gran descontento, una gran frustración, un permanente cabreo y una gran insatisfacción con la situación actual de la sociedad, con sus élites, y con sus clases políticas dirigentes. A nuestro juicio, si hacemos un ejercicio de reflexión colectiva, llegaremos fácilmente a la conclusión que el sistema capitalista ya no es lo que era, y ya no da lo que prometía.

Como ya hemos apuntado al analizar "cómo funciona el sistema capitalista", tenemos que acordar que aunque este sistema haya sido capaz de sacar a millones de personas de la pobreza y de una economía precaria, de alargar la vida media desde los 40 años hace apenas un siglo hasta los 80 años actualmente; de haber erradicado muchas enfermedades endémicas y de haber proporcionado una educación a amplias capas de la población; también es justo reconocer que este sistema hace tiempo que ha entrado en regresión y está mostrando la cara más salvaje e indecente con las personas a las que dice servir, sólo con ver cómo actúan las grandes corporaciones tecnológicas, los grandes conglomerados industriales y los grandes grupos bancarios a los que hemos hecho alusión en los diferentes capítulos de este libro.

Necesitamos cambiar de rumbo; y me permito usar esta expresión habiendo sido navegante yo mismo durante muchos años. Los tiempos han cambiado, las circunstancias han cambiado, el mundo ha cambiado y se ha vuelto más incierto, más tecnológico, menos empático, más competitivo y más frío; y al igual que ocurre en el mar, cuando el tiempo cambia y las circunstancias también, hay que saber cambiar de rumbo y adaptarlo al nuevo contexto para que el barco no corra el riesgo de zozobrar; porque de seguir en la dirección actual y al mismo ritmo, presiento que vamos directo al desastre en el medio plazo.

Casi todas las revoluciones han comenzado por un descontento generalizado de la población y se han convertido rápidamente en movimientos populistas y más tarde dictatoriales como tristemente nos recuerda la historia, en la revolución francesa, en la revolución rusa, o en el alzamiento nacional socialista alemán. Es igualmente significativo, el auge que están teniendo en los últimos años los partidos de extrema derecha y algunos gobiernos en el seno de la UE, como los gobiernos de Hungría, de Polonia, el partido de Le Pen en Francia, o el radical de derechas en Italia que probablemente puede ganar las próximas elecciones.

Para tratar de evitar ese posible escenario futuro hay que empezar a poner ya algunas barreras y a implementar algunas normas como las cuatro medidas que hemos mencionado anteriormente; es un primer paso, o mejor dicho, cuatro pasos importantes, que si somos capaces de hacerlos realidad, podría constituir el primer muro de contención y el principal cambio de rumbo que la sociedad está demandando.

El filósofo José Antonio Marina, en su libro "La inteligencia fracasada" hace un análisis exhaustivo y original sobre por qué las personas nos equivocamos tanto y fracasamos tan a menudo; y este análisis lo traslada al nivel de las sociedades, declarando que hay sociedades inteligentes y sociedades estúpidas; y según él, las sociedades inteligentes son las más justas; y las sociedades estúpidas son las más injustas.

De lo que se trata hoy, en el punto al que hemos llegado, no es sólo ver si esto es un cambio de tendencia que pronto pasará, o si aplicando algunos parches al sistema, la cosa puede seguir unos años más hasta que sea insostenible. De lo que se trata, es de un cambio de filosofía política donde los trabajadores y los sindicatos retomen el poder que han ido perdiendo en las últimas décadas; donde los que más tienen tributen un poco más de lo que lo están haciendo hasta ahora; donde la tecnología no se convierta en el ángel exterminador de millones de empleos; donde las grandes corporaciones tengan las regulaciones operativas necesarias por parte de los Gobiernos, para que esto no sea un Reino de Taifas de unos pocos; donde el capitalismo y sus excesos puedan ser controlados mediante leyes anti-trust que frenen su excesivo poder; donde haya una real voluntad política por parte de los gobernantes de aplicar estas medidas para hacer un mundo mejor y más justo. De lo que se trata, en definitiva, es de poner el hombre en el centro del sistema.

La sociedad y los ciudadanos están pidiendo a gritos un capitalismo más humano, un "capitalismo consciente" como dice el autor Raj Sisodia, en su libro del mismo nombre. La función primordial de una empresa o una corporación ya no puede ser hoy únicamente obtener mayores beneficios y crear valor para los accionistas, como ha sido hasta ahora el mantra aceptado del sistema. Las empresas y las grandes corporaciones tienen un objetivo más amplio; el principal, es crear valor para la sociedad mediante los productos y los servicios que vende que a la postre benefician a todos los ciudadanos; pero además tiene una RSC, es decir, una responsabilidad social corporativa como instrumento de progreso y de bienestar de las personas, y una vocación de servicio a la comunidad donde opera. El viejo paradigma de conseguir más poder y más beneficios se está empezando a desmoronar si observamos cuales son las aspiraciones de trabajo y de futuro y las empresas que más valoran las jóvenes generaciones.

Necesitamos transformar el sistema con nuevos principios donde este proporcione un nuevo estado de "win-win" entre las personas, es decir, si "yo gano-tú ganas", y no el viejo principio de si yo gano tú pierdes. Si ponemos el hombre y sus valores en el centro del sistema, este propiciará que el ciudadano no sea únicamente el ciudadano-consumidor al que nos referimos en capítulos anteriores, sino un ciudadano, una persona, que al ir a trabajar o a emprender tenga un propósito, sienta el respeto de sus superiores y de sus clientes, y desprenda dignidad en toda su actividad diaria. Necesitamos poner en valor los valores de siempre. Porque al final, como dice Herb Kelleher, CEO de la aerolinea Southwest Airlines, **"El negocio de los negocios, es el bienestar de las personas; ayer, hoy, y mañana"**.

¡GRACIAS!

Gracias por el tiempo que le has dedicado a leer «Un sistema indecente. El ciudadano dominado». Si te gustó este libro y lo has encontrado útil te estaré muy agradecido si dejas tu opinión en Amazon. Me ayudará a seguir escribiendo. Tu apoyo es muy importante. Leo todas las opiniones e intento dar un feedback para hacer este libro mejor.

Si quieres contactar conmigo aquí tienes mi email:

jferrermolina@gmail.com

¡Gracias por tu interés!

www.ingramcontent.com/pod-product-compliance
Lightning Source LLC
Chambersburg PA
CBHW020423220526
45464CB00002B/543